Cheri Huber O Nichts an dir ist verkehrt

HERDER spektrum

Band 6348

Das Buch

Unkonventionell und in einer wunderbar zugänglichen Sprache erschließt Zen-Lehrerin und Erfolgsautorin Cheri Huber die Kunst, sich selbst vorbehaltlos zu akzeptieren. Jede/r von uns hat von Kindheit an Botschaften verinnerlicht, dass wir etwas falsch gemacht haben und folglich etwas an uns verkehrt und unvollkommen ist. Cheri Huber tritt diesen Stimmen überzeugend entgegen und unterstützt Menschen darin, sich selbst vorbehaltlos zu akzeptieren – so, wie sie sind. Nur Menschen, die sich selbst annehmen, sind liebevoll mit sich selbst und mit anderen.

Die Autorin

Cheri Huber praktiziert und lehrt seit über 30 Jahren Zen, heute im „Zen Monastery Practice Center" in Kalifornien. Die Bestseller-Autorin ist Mutter von zwei Kindern. Leserinnen und Leser weltweit lieben ihren Humor und ihre Lebensnähe.

Cheri Huber

nichts
an dir ist
verkehrt

Der Zen-Weg zur Selbstakzeptanz

HERDER

FREIBURG · BASEL · WIEN

Aus dem Amerikanischen übersetzt von Friederike Boissevain

Die Originalausgabe erschien unter dem Titel »There Is Nothing Wrong With You:
Going Beyond Self-Hatred« bei Keep it Simple Books, Murphys/USA

Originalausgabe: © by Cheri Huber und June Shiver
Deutsche Ausgabe: © Kösel Verlag GmbH & Co., München

© Verlag Herder GmbH, Freiburg im Breisgau 2011
Alle Rechte vorbehalten
www.herder.de

Umschlagmotiv: © plainpicture
Autorinfoto: © Cheri Huber, New York / Crawford Agency
Umschlagkonzeption:
R · M · E Roland Eschlbeck
Umschlaggestaltung:
Verlag Herder GmbH

Herstellung:
fgb · freiburger graphische betriebe
www.fgb.de

Gedruckt auf umweltfreundlichem,
chlorfrei gebleichtem Papier
Printed in Germany

ISBN 978-3-451-06348-0

Für Walter
und für Ramada
in Dankbarkeit

Mein tiefster Dank gilt Christa, Michael, Jen, Chris, Dave, Melinda, Faith, Ann, Mickey, Tricia, Phil, Cameron, Jan, Margaret, Nancy S., Mark, Nancy D., Jennifer, Erin, den Mönchen und all jenen, die »There Is Nothing Wrong With You«-Kurse geleitet haben.

Mein spezieller Dank gilt allen, die an unseren Kursen teilgenommen haben.

VORWORT ZUR DEUTSCHEN AUSGABE

Der Prozess der Sozialisation, der bedingt, dass sich ein Kind von seinen natürlichen Reaktionen dem Leben gegenüber entfernt, um ein produktives, vertrauenswürdiges Mitglied der Gesellschaft zu werden, bringt immer auch jenen unglückseligen Nebeneffekt mit sich, den ich »Selbsthass« nenne.

Ich definiere Selbsthass als alles, was wir über uns selbst, über andere und über das Leben denken, das nicht auf Mitgefühl beruht. Selbsthass ist für fast alle von uns eine zutiefst konditionierte Verhaltensweise. Als Kindern wird uns beigebracht, uns zu bestrafen und unsere Bedürfnisse zurückzuweisen. Als Erwachsene haben wir das so lange getan, dass wir uns direkt schuldig fühlen, wenn wir uns einmal nicht bestrafen. Selbsthass als das zu sehen, was er ist, und die Willensstärke zu finden, ihn herauszufordern, setzt enorme Mengen an Energie und an Mitgefühl frei.

Ich freue mich darüber, dass der Kösel-Verlag *There Is Nothing Wrong With You* für deutschsprachige Leser und Leserinnen verfügbar macht. Ich hoffe, dass dieses Buch allen Übenden auf ihrem mutigen Weg zurück zu ihrer Wahren Natur hilfreiche Richtlinien und Einsichten geben kann.

ANMERKUNGEN DER ÜBERSETZERIN

Im Englischen gibt es nur eine Form der Anrede, »you«. Für dieses Buch haben wir bewusst die Anrede »du« gewählt, um den persönlichen Charakter und unsere Absicht der unmittelbaren Kontaktaufnahme miteinander zu unterstreichen.

Die Autorin zieht die Anrede mit ihrem Vornamen vor, um zu verdeutlichen, dass wir alle zum selben Kreis der Übenden gehören.

Ein Teil dieses Buches basiert auf Gesprächen zwischen Cheri Huber (im Text als »Lehrerin« bezeichnet) und Teilnehmern und Teilnehmerinnen verschiedener Kurse, die im Text der Einfachheit halber generell mit »Schüler« bezeichnet werden.

Dir wurde gesagt,

dass etwas an dir verkehrt ist

und dass du unvollkommen bist,

aber das stimmt nicht

und du bist es nicht.

DIE KINDHEIT ÜBERLEBEN:

Wie eine starke frühe Basis
für Selbsthass gelegt wird

Wenn du nicht von Wölfen erzogen wurdest, so stehen die Chancen ziemlich gut dafür, dass du während deines Erwachsenwerdens zumindest einige der folgenden Sätze gehört hast:

Mach das nicht ... Hör auf damit ... Leg das hin ... Ich hab dir doch gesagt, du sollst das nicht tun ... Wieso hörst du eigentlich nie zu ... Mach nicht so ein Gesicht ... Dir wird das Lachen schon vergehen ... Fass das nicht an ... Du solltest das nicht so sehen ... Das hättest du dir doch denken können ... Wirst du das wohl jemals lernen ... Du solltest dich schämen ... Schäm dich ... Ich kann nicht fassen, dass du das gemacht hast ... Pass bloß auf, dass ich dich nie wieder dabei erwische ... Ha, das geschieht dir recht ... Ich hab es dir doch gleich gesagt ... Ob du das wohl je kapieren wirst ... Was habe ich dir gerade gesagt ... Was hast du dir denn dabei gedacht ... Du machst aber auch wirklich alles kaputt ... Bist du nicht bei Verstand ... Du spinnst ... Die im Krankenhaus müssen dir eins auf den Kopf gegeben haben ... Kannst du nicht einmal etwas richtig machen ... Ich habe mich für dich aufgeopfert und was ist jetzt der Dank dafür ... Ich hatte so große Hoffnungen auf dich gesetzt ... Wenn man dir den kleinen Finger gibt, willst du gleich die ganze Hand ... Das weiß doch jeder ... Widersprich mir nicht ... Du wirst tun, was dir gesagt wird ... Das ist überhaupt nicht komisch ... Was glaubst du eigentlich, wer du bist ... Wieso hast du das denn so gemacht ... Du bist einfach verkorkst ... Du machst mich noch verrückt ... Das machst du nur, um mir weh zu tun ... Gleich setzt's was ... Was sollen denn die Nachbarn denken ... Das machst du nur, um mich zu ärgern ... Du bist so gemein ... Ich könnte dich windelweich prügeln ... Du bist an allem schuld ... Du machst mich noch ganz krank ... Du wirst mich noch damit umbringen ... Was ist denn jetzt schon wieder los, du Heulsuse ... Geh auf dein Zimmer ... Das hast du verdient ... Iss das auf, andere Kinder verhungern ... Zieh nicht so ein Gesicht ... Wenn du heulst, kriegst du eins drüber ... Denkst du eigentlich nie an andere ... Geh mir aus den Augen ... und so weiter und so weiter und so weiter.

Irgendwann hast du erkannt, dass etwas mit dir nicht stimmt.

NATÜRLICH!
WAS HÄTTEST DU DENN
SONST DENKEN SOLLEN!?

Wenn nichts an dir falsch wäre,

DANN WÜRDE MAN DICH
NICHT SO BEHANDELN!

MAN WÜRDE DIR NICHT SOLCHE DINGE SAGEN!

FALSCH!

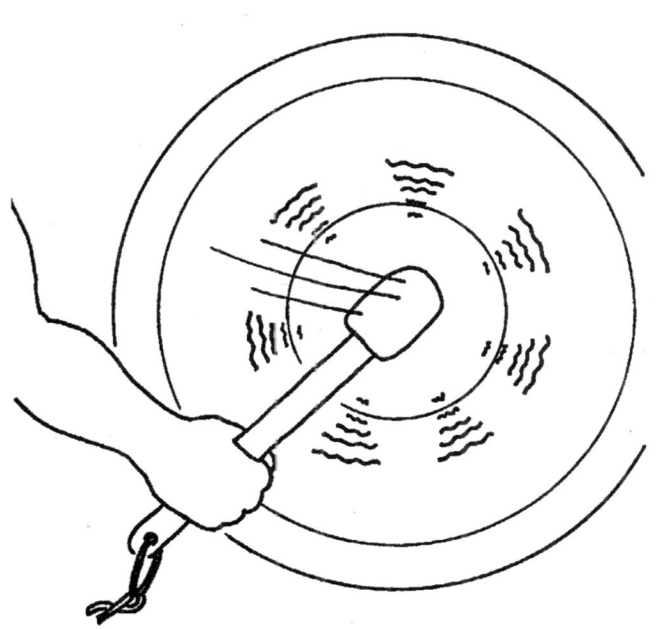

»Warum haben sie es mir denn dann angetan?«

Weil es ihnen angetan wurde.
Weil wir tun,
was uns beigebracht wurde.

Die Gesellschaft nennt das
»Kindererziehung«
oder
»Sozialisation«.

Wir nennen es
»traurig«.

DER PROZESS DER SOZIALISATION LEHRT UNS:

- ○ von der Annahme auszugehen, dass etwas an uns falsch ist,
- ○ nach den Fehlern in uns selbst zu suchen,
- ○ die »Fehler« in uns selbst zu verurteilen, wenn wir sie finden,
- ○ uns dafür zu hassen, dass wir so sind, wie wir sind,
- ○ uns so lange zu bestrafen, bis wir uns ändern.

Uns wurde beigebracht, dass gute Menschen das so machen.

SOZIALISATION LEHRT UNS NICHT:

- ○ uns wegen unserer Güte zu lieben,
- ○ uns dafür wertzuschätzen, wer wir sind,
- ○ uns selbst zu vertrauen,
- ○ Vertrauen in unsere eigenen Fähigkeiten zu haben,
- ○ uns von unserem Herzen leiten zu lassen.

Uns wurde beigebracht, dass das »selbstsüchtig« ist.

Zu dem Zeitpunkt, zu dem unsere »Sozialisation« abgeschlossen ist, halten die meisten von uns an dem

fest, dass unsere einzige Hoffnung, ein guter Mensch zu sein, darin besteht, dass wir uns selbst bestrafen, wenn wir schlecht sind.

Wir sind felsenfest davon überzeugt, dass ohne

das Schlechte über das Gute siegen wird.

DIESES GANZE BUCH
BASIERT AUF DER ÜBERZEUGUNG,
DASS DAS NICHT ZUTRIFFT!

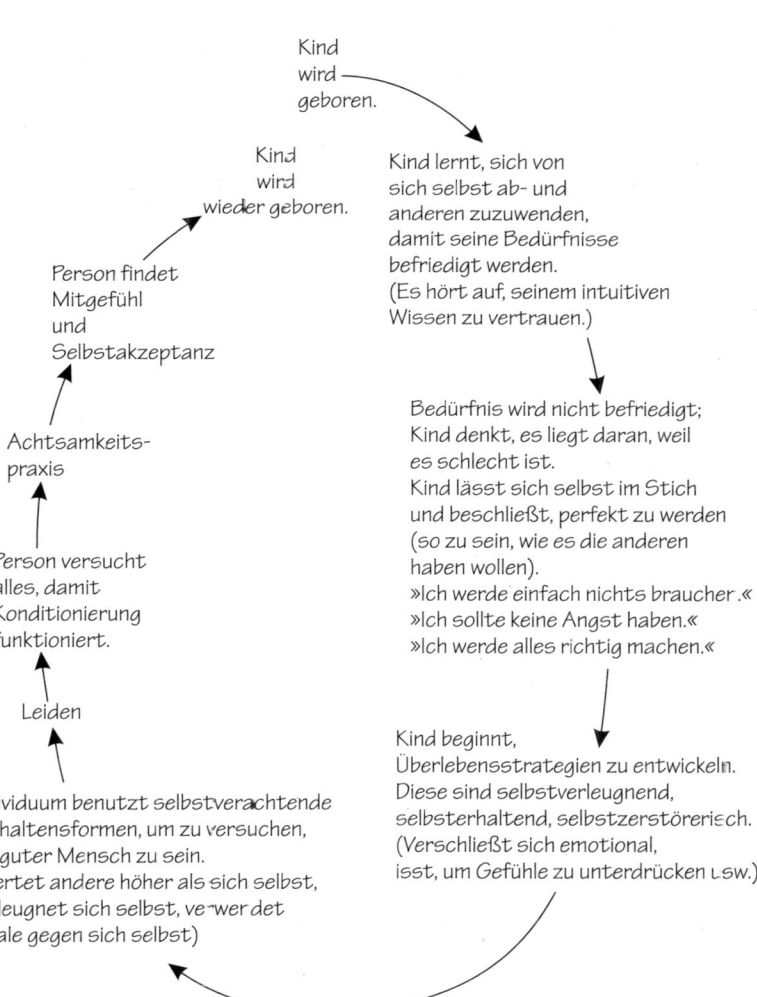

Kind
wird
geboren.

Kind lernt, sich von
sich selbst ab- und
anderen zuzuwenden,
damit seine Bedürfnisse
befriedigt werden.
(Es hört auf, seinem intuitiven
Wissen zu vertrauen.)

Kind
wird
wieder geboren.

Person findet
Mitgefühl
und
Selbstakzeptanz

Bedürfnis wird nicht befriedigt;
Kind denkt, es liegt daran, weil
es schlecht ist.
Kind lässt sich selbst im Stich
und beschließt, perfekt zu werden
(so zu sein, wie es die anderen
haben wollen).
»Ich werde einfach nichts brauchen.«
»Ich sollte keine Angst haben.«
»Ich werde alles richtig machen.«

Achtsamkeits-
praxis

Person versucht
alles, damit
Konditionierung
funktioniert.

Leiden

Kind beginnt,
Überlebensstrategien zu entwickeln.
Diese sind selbstverleugnend,
selbsterhaltend, selbstzerstörerisch.
(Verschließt sich emotional,
isst, um Gefühle zu unterdrücken usw.)

Individuum benutzt selbstverachtende
Verhaltensformen, um zu versuchen,
ein guter Mensch zu sein.
(Wertet andere höher als sich selbst,
verleugnet sich selbst, verwendet
Ideale gegen sich selbst)

MEIN ÜBERLEBENSSYSTEM BRINGT MICH UM!

WAS DIR PASSIERT IST, nicht wer du bist, macht dich wütend, furchtsam, gierig, gemein, verängstigt usw.

Wir haben, als wir sehr klein waren, Verhaltensweisen erlernt, um zu überleben. Uns ist beigebracht worden, diese Verhaltensweisen zu hassen und sie als Zeichen für unser Schlechtsein zu betrachten. Dennoch müssen wir sie stets aufrechterhalten, denn sie sind für uns nach wie vor gleichbedeutend mit Überleben.

Und wir hassen uns dafür, sie zu haben.

DIE FALLE:

Ich glaube, dass ich so sein muss, um zu überleben.
Ich hasse mich dafür, so zu sein.

ERGEBNIS:

Selbsthass = Überleben
Überleben = Selbsthass

Leiden begründet unsere Identität.
Identität wird erhalten durch
Kampf und Unzufriedenheit,
im Versuch, das zu reparieren,
was falsch ist.

> Selbsthass
> Leiden
> Egozentrizität
> Furcht
> Illusion des Getrenntseins

} alles das Gleiche

So halten wir ständig danach Ausschau, was falsch
ist. So erschaffen wir ständig neue Krisen, damit wir
der Gelegenheit gerecht werden. Für Ego bedeutet
dies Überleben.

Es ist sehr wichtig,
dass etwas falsch ist,
damit wir es weiterhin überleben können.

SELBSTHASS IST EIN VORGANG

Selbsthass ist ein »Wie«, nicht ein »Was«.

ZUM BEISPIEL:

Wenn ich jemand bin, der sich ständig Sorgen macht, dann ist »Sorgen machen« das »Wie«, der Vorgang. Die Dinge, über die ich mir Sorgen mache, sind das »Was«, der Inhalt.

Wenn ich jemand bin, der ständig urteilt, dann ist Urteilen das »Wie«, der Vorgang. Die Dinge, die ich beurteile, sind das »Was«, der Inhalt.

Wenn ich in Selbsthass gefangen bin, dann ist Selbsthassen das »Wie«, der Vorgang. Die Bereiche an mir, die gehasst werden – Körper, Persönlichkeit, Aussehen (die Liste ist endlos) –, sind das »Was«, der Inhalt.

Mit anderen Worten, ich hasse mich nicht selbst; Selbsthass hasst mich. Selbsthass ist ein unabhängiger Vorgang mit einem Eigenleben, ein endloses Band an Konditionierung, das die Welt, in der wir leben, erschafft und formt.

Das einfachste Beispiel: Wenn Selbsthass meinen Körper hasst,

dann kommt es überhaupt nicht darauf an, was ich tue
oder wie ich aussehe. Ich werde niemals den Standards
des Selbsthasses genügen, und

gerade das ist der Punkt.

Selbsthass hasst mich nicht, um mir zu helfen. Nein. Es ist ein Vorgang des Hassens und hassen ist ganz einfach das, was er tut.

Solange es Selbsthass gibt,
wird er etwas zum Hassen finden.

So erhält er sich am Leben.

Der Prozess des Selbsthasses ist in den meisten Menschen so tief verankert, dass wir ihn nicht einmal mehr erkennen.

Wir denken, dass wir einfach nur Dinge tun, die sicherstellen, dass wir gute Menschen werden.

Das ist normal, sagen wir.
Jeder tut es.
Oder sollte es tun.

Wenn du wissen möchtest, was man dir in der Kindheit mittels Konditionierung beigebracht hat, dann brauchst du nur zu schauen, wie du dich heute selbst behandelst ...

Bedeutet das, dass dich jemand bewusst, absichtlich so behandelt hat?

Vielleicht nicht.

Aber die Botschaft hast du trotzdem verstanden, stimmt's?

EIN RAFFINIERTER TRICK

Es ist verwirrend, zum Schluss zu kommen, dass man nicht geliebt wird, weil etwas an einem selbst verkehrt ist. »Ich möchte geliebt werden, aber etwas an mir stimmt nicht. Ich muss das zurechtbiegen, obwohl ich mir nicht sicher bin, ob ich weiß, was es genau ist oder wie man es zurechtbiegt. Aber ich muss es auf jeden Fall versuchen, denn eines möchte ich unbedingt: wirklich geliebt werden.«

Diese Person, die versucht, liebenswert zu werden, verbringt viel Zeit, Aufmerksamkeit und Energie damit zu versuchen, ein guter Mensch zu sein, Anerkennung zu gewinnen, anderen zu gefallen,

perfekt zu werden.

Und dann, wenn sie herausfindet, dass all die Versuche, ein guter Mensch zu sein, nichts nützen und nicht die Liebe und Anerkennung hervorbringen, die sie gerne hätte, dann ist das Einzige, von dem sie weiß, wie es geht, es noch

mehr zu versuchen.

Es ist wie auf einer Reise,
auf der man völlig die Orientierung verloren hat

und sich in die falsche Richtung bewegt,
aber dabei gut vorwärts kommt.

Zurück bleibt Verwirrung. »Ich sitze in der Falle und bin verwirrt. Was ich tue, klappt nicht, aber ich weiß auch nicht, was ich anders machen soll.« Verwirrung ist das Ergebnis, wenn du versuchst, an einer konditionierten Überzeugung festzuhalten (Wenn ich es noch mehr versuche, dann kann es klappen), obwohl du gleichzeitig etwas anderes für dich als wahr erkennst (Das klappt so nicht. Ich fühle mich machtlos. Es muss einen anderen Weg geben).*

Wenn du weiterhin aufmerksam bist, dann wird die Verwirrung der Klarheit weichen. Wenn du die Bereitwilligkeit aufbringen kannst, HINZUSCHAUEN UND DEM BETRUG, IN DEM DICH DER SELBSTHASS GEFANGEN HÄLT, DIE STIRN ZU BIETEN, dann wird die Verwirrung der Klarheit weichen.

Und die Klarheit ist Mitgefühl.

---

* Es ist immer eine gute Idee, zurückzugehen und die ursprüngliche Überzeugung zu überprüfen. In diesem Fall besteht die falsche Überzeugung darin, dass du dann, wenn du die endlose, sich stetig verändernde, nebulöse Liste an Standards der Konditionierung erfüllst, so sein wirst, wie du sein solltest – du wirst liebenswert sein und du wirst geliebt werden.

WELCHE FORMEN SELBSTHASS ANNEHMEN KANN

SELBSTSABOTAGE

Du versuchst, etwas Gutes für dich oder jemand anderen zu tun, und du schaffst es irgendwie, dass sich die ganze Angelegenheit gegen dich wendet. Du tust immer wieder genau die Dinge, die du nicht tun wolltest oder die du nicht für gut erachtest, und du findest einfach nicht heraus, wie du das andauernd fertig bringst. Es ist ein perfektes System für Selbsthass, denn:

1. Du handelst aus einer Idealvorstellung heraus.
2. Du entsprichst deinem Ideal nicht.
3. Du kannst nicht herausfinden, was du falsch machst.

SICH DIE SCHULD GEBEN, ABER KEIN LOB ANNEHMEN

Wenn etwas klappt, ist es ein Geschenk Gottes. Wenn etwas schief geht, ist alles deine Schuld. Und selbst wenn du dir etwas ein klein wenig als deinen Verdienst anrechnest, dann kannst du dem damit verbundenen guten Gefühl garantiert immer aus dem Weg gehen, indem du herausfindest, was du noch besser hättest machen können.

ANDEREN DIE SCHULD GEBEN

Sich selbst hassen und andere hassen ist genau dasselbe. Ob du hässlich zu anderen oder direkt zu dir selbst bist, es bleibt Selbsthass.

Du bist immer der Empfänger.

VERSCHLOSSEN SEIN

Du lässt andere nicht wissen, was in dir vorgeht, damit du dich ganz alleine damit niedermachen kannst.

NACHTRAGEND SEIN

Du wärmst alte Verletzungen und Ungerechtigkeiten immer wieder auf, anstatt jetzt dir selbst gegenüber präsent zu sein.

NICHTS ANNEHMEN KÖNNEN

Geschenke, Komplimente, Hilfestellungen, Gefälligkeiten, Anerkennung usw. sind alles Dinge, bei denen du dir nur schwer die Erlaubnis geben kannst, sie anzunehmen.

VERSUCHEN, ANDERS ZU SEIN

Einfach so zu sein, wie du bist, ist nicht genug.

Du meinst, ein Bild, das richtige Image aufrechterhalten zu müssen.

VERSUCHEN, PERFEKT ZU SEIN

AN ALLEM ETWAS FALSCHES SEHEN
Deine Angewohnheit ist es, Fehler zu finden, zu kritisieren, zu urteilen und zu vergleichen. Denke daran – das, was ist, ist alles, was ist. Die andere Wirklichkeit, in der alles genauso ist, wie du denkst, dass es sein sollte, gibt es nur in deinem Kopf. Sie existiert in erster Linie, um dich zu quälen.

ANDAUERND UNFÄLLE HABEN
Statt in der Gegenwart zu sein, ist deine Aufmerksamkeit so oft auf eine andere Zeit, auf eine andere Person oder auf eine andere Sache gerichtet, dass du dich selbst verletzt. Du meinst, die Aufmerksamkeit nicht zu verdienen. Andere sind wichtiger.

SICH IMMER WIEDER IN SCHÄDLICHE SITUATIONEN BRINGEN
Selbst wenn du erkennst, dass du dieses Verhaltensmuster hast, sind deine Furcht und dein Selbsthass zu stark, um dich ausbrechen zu lassen.

EINE UNBEQUEME KÖRPERHALTUNG AUFRECHTERHALTEN

Du hältst deine Schultern so, dass Schmerzen entstehen. Du knirschst mit den Zähnen. Du machst dich im Bus möglichst klein, um niemand anderem Platz wegzunehmen. Weil du kein Aufhebens machen möchtest, sitzt du in der Arbeit weiterhin auf einem unbequemen Stuhl.

EINE UNBEQUEME GEISTIGE HALTUNG AUFRECHTERHALTEN

Du hältst daran fest, wie es sein »sollte«:

»Es ist nicht richtig, glücklich zu sein, wenn es auf der Welt so viel Leid gibt.« »Die Menschen sollten bitte und danke sagen.« »Kinder haben zwei Elternteile verdient.«

WIE SELBSTHASS SICH ANHÖREN, ANFÜHLEN UND AUSDRÜCKEN KANN

Ein einziges Wort oder eine Geste kann Jahrzehnte an Negativität, Niederlagen oder Gefühlen der Wertlosigkeit heraufbeschwören.

Wenn die Erinnerungen oder Gefühle hochkommen, die diesem Wort oder dieser Gebärde anhaften, dann ist es, als würde eine Wagenladung Selbsthass über dir ausgeschüttet werden.

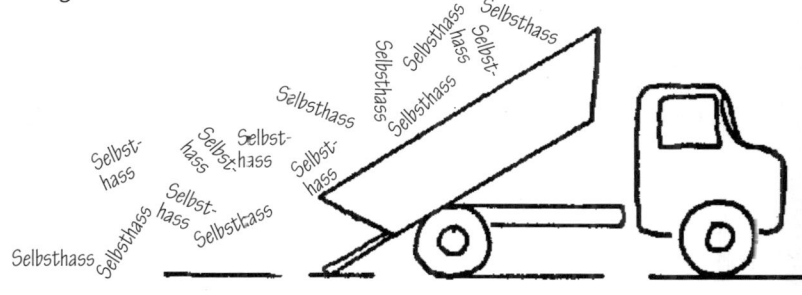

»Ich kann nicht fassen, dass du das getan hast. Was ist bloß los mit dir?«

»Gott, Cheryl!« (mit dem Unterton des Abscheus)

Ein Schulterzucken und die Worte »Macht nichts« (signalisiert totale Niederlage).

Ein sinkendes Gefühl von »Ich habe etwas falsch gemacht« und ein Gefühl der Panik: »Was ist jetzt das Richtige, um es wieder gutzumachen?«

Alles nur Erdenkliche für alle anderen kaufen, aber nie etwas für mich selbst.

Etwas essen wollen und eine Stimme sagt: »Kannst du nie Nein zu dir selbst sagen?« und dabei erkennen, dass ich die ganze Zeit zu mir Nein sage – außer beim Essen.

DIE STIMMEN

Zur Erklärung: In diesem Buch beziehen wir uns oft auf »die Stimmen in deinem Kopf« und ähnliche Ausdrücke.

Wir sprechen hier nicht über eine psychologische Erkrankung.

»Stimmen in deinem Kopf« bezieht sich auf den nahezu endlosen Gedankenstrom, den wir alle erfahren, auf den ständigen Fluss von Beurteilungen, Ideen, Kritik und Meinungen, die wir uns selbst tagtäglich erzählen.

UND WIR MÖCHTEN BETONEN,
DASS ES WICHTIG IST,
NICHT DARAN ZU GLAUBEN,
DASS DIESE »STIMMEN«
IRGENDEINE HILFREICHE INFORMATION
FÜR DICH ÜBER
DICH SELBST HABEN.

Wir verwenden die Begriffe

»Selbsthass«

und

»Egozentrizität«

und meinen dabei das Gleiche.

Bisher haben wir in diesem Buch Selbsthass für dich definiert.

UND

WAS IST EGOZENTRIZITÄT?

Egozentrizität ist die Illusion, ein getrenntes Selbst zu sein, getrennt von allem anderen – von uns selbst, einander, dem Leben, dem Universum –, die durch den Prozess der sozialen Konditionierung entsteht. Egozentrizität interessiert sich für eines und zwar ausschließlich dafür:

ÜBERLEBEN UM JEDEN PREIS.

Egozentrizität wird ALLES SAGEN UND TUN, um die Kontrolle über dein Leben zu behalten.

Sie wird durch jede Türe kommen.

Nichts wird sie aufhalten.

Selbsthass hat viele Stimmen. Wie zum Beispiel diese:

STIMME (nicht sehr subtil):
»Du bist ekelhaft. Du machst mich krank.«

STIMME (klingt wie normale, hilfreiche, konstruktive
Kritik):
»Es war dumm von mir, das zu sagen. Ich muss aufpas-
sen, was ich sage.«
(Kinder lernen früh, sich selbst und andere »dumm« zu
nennen.)

STIMME (klingt wie Selbstdisziplin, die uns dabei hilft,
auf dem rechten Weg zu bleiben):
»Obwohl ich erschöpft bin, muss ich dies hier jetzt zu
Ende bringen. Ich kann diesen kleinen Versuchungen
nicht nachgeben. Wer weiß, wo das enden würde?«

STIMME (klingt ganz, ganz echt und hilfreich, wie die
Stimme der Klarheit und der Weisheit):
Du liest ein Buch, das dir etwas bedeutet, aber jeder
Satz wird übersetzt in »So sollte ich sein«.

Diese Stimme mag anfangs aufrichtig klingen, geht aber bald in Beschuldigungen über. »Ich habe es die ganze Zeit falsch gemacht. Was ist bloß verkehrt mit mir?« Ein anderes Beispiel: Während du in Meditationshaltung sitzt, bist du vielleicht ruhig und fühlst dich wohl, nur atmend. Dann sagt diese Stimme: »Ich glaube nicht, dass ich das hier richtig mache. Wenn ich das täte, dann würde meine Aufmerksamkeit nämlich nicht abschweifen.«

Du kannst den Stimmen zuhören, die sagen, dass etwas an dir falsch sei.

Es ist tatsächlich ganz hilfreich, sie sich bewusst zu machen.

NUR
GLAUBE
IHNEN
NICHT!

Das meiste von dem,

WAS MAN UNS ZU GLAUBEN BEIGEBRACHT HAT,

musste man uns

BEIBRINGEN ZU GLAUBEN, WEIL ES NICHT WAHR IST!

Darum müssen Kinder so stark konditioniert werden!

WIR WÄREN NIEMALS VON SELBST ZU DIESEN SCHLUSSFOLGERUNGEN GEKOMMEN!

Wenn wir nur für einen Moment mit unkonditioniertem Geist betrachten könnten, was man uns beigebracht hat zu glauben, dann würden wir sehen, dass es nicht nur unwahr ist, sondern –

ES IST ABSURD.

»WO IST DIESER GANZE

SELBSTHASS

NUR HERGEKOMMEN?«

SOZIALISATION UND UNTERPERSÖNLICHKEITEN

Wir lernen ihn als Kinder und wir lernen ihn unabhängig davon, ob wir in einer liebevollen Familie aufwachsen oder nicht. Die Schritte verlaufen meist etwa so:

1. Das Kind hat ein Bedürfnis.

Beispiel:
Das Kind hat Angst.

2. Das Bedürfnis wird zurückgewiesen.

Das Bedürfnis wird von der Person, an die es gerichtet wird, nicht erfüllt. Wenn dies geschieht, wird das Kind traumatisiert. Das Trauma/die Ablehnung wird zu einer Unter- oder Subpersönlichkeit, einem dauerhaften Aspekt der Persönlichkeit des Kindes, einem Verteidigungsmechanismus, einem Teil des kindlichen Überlebenssystems.

3. Um seine Bedürfnisse erfüllt zu bekommen, entwickelt das Kind im Rahmen seiner Überlebensstrategie ein bestimmtes Verhalten.

Beispiel:
Wenn das Kind Angst vor der Dunkelheit hat, wird es aufstehen und eine Taschenlampe im Bett verschwinden lassen. Diese Fähigkeit, sich einen heimlichen Plan auszudenken, um sich selbst zu beschützen, wird zu einer Unterpersönlichkeit.

4. Das Kind identifiziert sich mit der Autoritätsperson, die seine Bedürfnisse nicht befriedigt hat (»Die haben Recht, ich bin schlecht, so zu sein«), und gleichzeitig mit dem Teil, der abgelehnt wurde (»Ich habe Angst und die anderen lieben mich nicht, weil ich Angst habe«).

Das Kind, völlig unfähig, irgendetwas von alledem bewusst zu erfassen, lernt nichtsdestotrotz Folgendes zu glauben:

»Es muss etwas an mir verkehrt sein. Deswegen behandeln sie mich so. Es ist meine Schuld. Es ist nicht ihre Schuld.« In seinem Kopf kann an den Eltern nichts verkehrt sein, denn das Überleben des Kindes hängt von ihnen ab.

DIES IST DIE GEBURT DES SELBSTHASSES.

5. Das Kind beschließt, »perfekt« zu werden, alles richtig zu machen, richtig gut zu sein, um geliebt zu werden. Hierin gibt es keine Wahl; das Überleben des Kindes hängt davon ab.

»Die lieben mich nicht, weil etwas mit mir nicht stimmt. Ich muss an alles denken. Wenn ich es einfach richtig mache und mir so etwas nie wieder passiert, dann werden sie mich lieben.«

DIESE SELBSTGESPRÄCHE ERHALTEN DEN SELBSTHASS AUFRECHT.

6. Um das Überleben zu gewährleisten, wird »Der Richter« in Form einer Unterpersönlichkeit geboren, um sicherzustellen, dass das Kind perfekt ist und richtig und gut.

DIE GEBURT DES RICHTERS GARANTIERT
DIE DAUERHAFTE EXISTENZ DES SELBSTHASSES.

 Dieser Prozess wiederholt sich laufend bis zu einem Alter von ungefähr sieben Jahren – dann, so sagt man, sind wir komplett sozialisiert. Danach ist der Richter fest angestellt, mit einer garantierten Vollbeschäftigung.

Während dieses Prozesses sind wir zu dem Schluss gekommen, dass Bedürfnisse schlecht sind und dass wir schlecht sind, weil wir sie haben.

Und natürlich haben wir sie trotzdem.

WIESO BIN ICH SO BEDÜRFTIG?

SCHÜLER: Kürzlich hast du den Begriff »Schreckliches bedürftiges Wesen« gebraucht und mir ist klar geworden, dass er genau trifft, wie ich darüber denke: Bedürfnisse sind schrecklich. Kein Wunder, dass ich Bedürftigkeit in mir selbst nicht hochkommen lassen kann. Und wenn ich sie bei anderen entdecke, dann schmettere ich sie mit genau dem gleichen Urteil ab – dass sie schrecklich ist und völlig inakzeptabel.

Schreckliches bedürftiges Wesen

LEHRERIN: Das ist ein Beispiel der Schlussfolgerung, zu der wir gekommen sind, als wir damit angefangen haben, uns selbst im Stich zu lassen. Wir gelangten zu dem Schluss, dass der Grund dafür, abgelehnt zu werden, darin bestand, dass wir ein Bedürfnis hatten, und ein Bedürfnis zu haben bedeutet, dass du schlecht bist. Wenn du schlecht bist, dann bist du nicht liebenswert, und wenn du nicht liebenswert bist, dann wirst du nicht in der Lage sein zu überleben. Darum lautet aus dieser Perspektive die Schlussfolgerung:

Habe keine Bedürfnisse.

Haben wir einmal unsere Aufmerksamkeit nach außen gerichtet, so wenden sich die meisten von uns nie mehr dem ursprünglich unbefriedigten Bedürfnis zu, das wir im Stich gelassen haben, weil uns die Traumatisierung dazu verleitet hat.

Die meisten von uns wissen nicht, dass es dieses ursprünglich unbefriedigte Bedürfnis ist, das unser Leben kontrolliert hat.

Das Bedürfnis?   Geliebt und
                 angenommen zu werden
                 genau so, wie wir sind.

Allmählich dämmert es uns, dass wir nicht ewig in der »Ich bin falsch«-Verfassung verharren können – sonst werden wir wirklich nicht überleben. Es muss eine Dualität erschaffen werden, in der »Nicht ich bin falsch, die anderen sind falsch« funktioniert.

Das Traurige daran ist dass du dein ganzes Leben damit verbringen kannst, zu beweisen, dass deine Eltern es falsch gemacht haben, aber damit wird sich nicht wirklich etwas ändern. All diese Vorstellungen darüber, perfekt zu sein, richtig und gut zu sein, sind nichts als die Reaktion auf die Konditionierung, die deine Eltern an dich weitergegeben haben. Und du wirst nicht nur diese perfektionistischen Ideen verfolgen, sondern irgendwann wirst du sie ablehnen müssen und du wirst sie perfekt ablehnen müssen und ziemlich bald wirst du dich in einem derartigen Knäuel verfangen haben, dass du unfähig bist, dich in irgendeine Richtung zu bewegen, und du wirst nur dasitzen, in Selbsthass, weil das Ende vom Lied immer lautet:

»Du verlierst.«

DIE REGEL VOM
»UNZUREICHENDEN GUTHABEN«

SCHÜLER: Wieso empfinde ich nie, dass ich gut genug war, großzügig genug? Ich versuche es und versuche es, aber dieses kleine nagende Gefühl der Schuld ist immer da.

LEHRERIN: Gute Frage. Ich betrachte das oft. Es ist einfach so beherrschend in der menschlichen Erfahrung. Ich habe vorhin darüber gesprochen und folgendes Beispiel gegeben: Du lebst so dahin in deinem Leben und du tust das, was du tun sollst. Und jedes Mal, wenn du tust, was du tun sollst, zahlst du einen Dollar auf der Bank ein. Gut. Jedes Mal, wenn du freundlich bist, geduldig, oder wenn du das machst, was du tun sollst – was immer das sein mag (du weißt, welche Dinge das für dich sind) –, jedes Mal also zahlst du einen Dollar ein, einen Dollar auf die Bank, einen Dollar auf die Bank ...

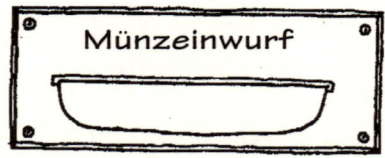

Und du arbeitest wirklich daran! Du stehst frühmorgens auf und tust diese Dinge bis spät in der Nacht. Jeden Tag.

Am Ende fühlst du dich ziemlich ausgelaugt. Du fühlst dich so, als ob du ein bisschen Vergnügen in deinem Leben gebrauchen könntest, ein bisschen Zeit am Strand oder so. Und daher denkst du dir: Ich werde zur Bank gehen und ein bisschen Geld abheben und mir selbst etwas Schönes gönnen.

Also gehst du zur Bank und sagst: »Hier bin ich. Ich möchte etwas von dem Geld abheben, das ich angespart habe, damit ich mir etwas Schönes gönnen kann.«

Und die Antwort lautet: »Oh nein. Du hast nicht annähernd genug gespart, dass etwas für dich selbst übrig wäre. Oh, du musst

Bitte abgelehnt
Grund:
Unzureichende Rücklagen

viel härter arbeiten. Du musst viel, viel mehr Geld ansparen, bevor du etwas für dich selbst haben kannst.«

Natürlich, wenn du es jetzt mit der Sparkasse zu tun hättest, dann würdest du sagen: »Moment, so geht das nicht. Das ist mein Geld. Ihr könnt doch nicht darüber entscheiden, wann und wo und wie ich es ausgeben kann.« Aber auf der Bank des Selbsthasses funktioniert das genau so.

Mit Selbsthass sammelst du endlos Payback-Punkte, für die du nie etwas bekommst. Du glaubst, dass du all diese Punkte ansammelst, weil du irgendwann einen Vorteil davon haben wirst, aber das tritt nie ein.

SCHÜLER: Ja ... das mache ich häufig mit mir.

LEHRERIN: Ich geb dir noch ein anderes Beispiel. Du beschließt, mit dem Laufen anzufangen ... Und da ist diese Person, die dir helfen soll, ein Läufer zu werden.  Du ziehst dein kleines Lauf-Outfit an und die Person sagt:

 »Wieso hast du das denn angezogen? Mensch, siehst du bescheuert darin aus! Das wirst du doch nicht wirklich anziehen!«

Also ziehst du andere Laufsachen an –
du probierst mehrere Klamotten und zum
Schluss gibst du die Diskussion ganz einfach
auf. Du wirst NIEMALS gut genug zum Laufen aussehen und deswegen beschließt du einfach, es trotzdem
zu tun.

Du gehst raus und beginnst zu laufen und die Person
sagt:

»Das nennst du laufen?
Wie kommst du auf die Idee, dass du
das hinkriegen würdest?«

Jetzt möchte ich dir eine andere Möglichkeit vorschlagen, ja? Wie wäre es, wenn die Person, die bei dir ist,
sagt: »Laufe in was auch immer, es ist völlig egal. Du
siehst gut aus. Geh einfach nur hinaus und laufe. Das
ist großartig! Du machst das prima. Wie lange bist du
gelaufen? Zehn Minuten? Das ist wundervoll!«

DENKE DARÜBER NACH!
WELCHE PERSON MÖCHTE, DASS DU LÄUFST,
UND WELCHE PERSON MÖCHTE, DASS DU
NICHT LÄUFST?

HIER GIBT ES ÜBERHAUPT KEIN GEHEIMNIS, LEUTE!

Es ist nicht schwer, herauszufinden, wer sich in welchem Lager befindet. Innerlich und äußerlich! Die Person auf der Selbsthass-Bank im ersten Beispiel mag dich nicht!

Es ist wichtig, das zu kapieren!

Es ist nicht so, dass sich diese Person wirklich für dich anstrengt, damit du genügend Geld auf der Bank hast, um dir etwas Besonderes zu gönnen.
NEIN!

Diese Person
     wird dir niemals
          auch nur einen
               Cent schenken!

Du wirst dich zu Tode rackern, und du wirst niemals irgendetwas dafür bekommen.

Es ist wirklich wichtig,
das zu verstehen!

GÄBE ES IN DEINEM LEBEN

EINE PERSON,

DIE DICH SO BEHANDELN WÜRDE,

WIE DU DICH SELBST BEHANDELST,

WÄRST

    DU

        SIE

            SCHON

                LÄNGST

                    LOSGEWORDEN ...

SCHÜLER: Sollte man meinen, oder?

LEHRERIN: Eigentlich scheint es so klar zu sein. Weil aber diese Person aus unseren eigenen Köpfen heraus spricht, sind wir willens, die Illusion aufrechtzuerhalten, dass diese Person

○ auf unserer Seite ist,
○ uns mag,
○ etwas Wichtiges zu sagen hat,
○ irgendeinen Wert für unser Leben hat.

ABER DAS STIMMT NICHT!

Sie sollte bedauert werden.
Sie ist ein armseliges Ding.
Sie ist sehr traurig.
Sie braucht eine Pause und Fürsorge und Nahrung.

Was sie nicht braucht,
ist, für ein anderes Leben
verantwortlich zu sein.

Und deswegen kannst du ihr mit Gelassenheit und beruhigenden Worten begegnen, so, wie du es mit irgendeiner leidenden Person tun würdest.

Du lässt sie nicht dein Leben führen.
Du überlässt ihr nicht deine Bankvollmacht.
Du lässt sie nicht deinen Terminkalender bestimmen.
Du lässt sie noch nicht einmal für dich kochen.

Kannst du hören, was ich sage?

SCHÜLER: Ja, schon Nur manchmal sehe ich diese Trennung nicht. Jetzt gerade, hier in diesem Zimmer, scheint es mir sehr klar.

LEHRERIN: Ich kann dir eine ganz einfache Faustregel geben: Jedes Mal, wenn eine Stimme zu dir spricht, die dies nicht mit Liebe und Mitgefühl tut, dann glaube ihr nicht! Selbst wenn sie über jemand anderen spricht, glaube es nicht. Wenn sie auch an jemanden anderen gerichtet ist, es ist die Stimme deines Selbsthasses. Sie hasst dich einfach durch ein äußeres Objekt.

Sie kann dich direkt hassen, indem sie dir erzählt, was für eine lausige, verdorbene Person du bist, und sie kann dich indirekt hassen, indem sie dir aufzeigt, was »dort draußen« falsch ist.

Wenn die Stimme nicht liebevoll ist,
dann höre ihr nicht zu,
folge ihr nicht,
glaube ihr nicht.

Keine Ausnahmen!

Selbst wenn die Stimme sagt, es ist »zu deinem Besten«, es ist es nicht. Es ist zu IHREM Besten, nicht deinem. Es ist das Gleiche, wenn Eltern »zu deinem Besten« mit hasserfülltem Unterton zu dir sprechen. Es ist zu ihrem Besten. Es bewirkt, dass sie sich besser fühlen. Es macht dich nicht besser. (Und es führt auch nicht dazu, dass du dich besser »benimmst«.)

Ich möchte dir einige unerhörte Dinge dazu vorschlagen. Jedes Mal, wenn du die Stimme des Selbsthasses hörst, dann tue etwas für dich selbst, das sie zum Ausrasten bringt.

Kauf dir ein Geschenk.

Setz dich hin und lese zu deinem puren Vergnügen.

Nimm ein langes, heißes Bad.

SCHÜLER: Was es auch immer ist, das du dich nicht selbst tun lassen kannst.

LEHRERIN: Genau. Alles, was faul wäre oder nachgiebig oder ...

SCHÜLER: ... gedankenlos, selbstsüchtig ...

LEHRERIN: JA! Je mehr, desto besser. Es kann etwas so Einfaches sein, wie an einem schönen Tag einen Spaziergang zu machen. Du gehst einfach immer weiter, bis die Stimme verstummt ist, so lange, bis klar ist, dass sie keine Kontrolle mehr hat. Dann, wenn du bereit bist, wenn du präsent bist, kehre zu deinem normalen Leben zurück.

KONSTRUKTIVE KRITIK:
NICHT ERFORDERLICH

Lass uns einmal annehmen, dass du spürst, du bist jemand anderem gegenüber nicht besonders freundlich gewesen ...

Die Stimme der konstruktiven Kritik sagt leise: »Das war ziemlich hart. Du bist zu sarkastisch. Warst du schon immer. Du reißt dich besser zusammen, bevor du alle vor den Kopf stößt.«

Diese Stimme rechtfertigt sich selbst, indem sie zum Beispiel Dinge sagt wie:

»Ich versuche bloß, dir solche Sachen klarzumachen, damit du eine bessere, freundlichere und glücklichere Person wirst.«

»Konstruktive Kritik« ist ein Trick,

der von Menschen angewandt wird, die

dich fertig machen wollen.

Und du sollst glauben,

dass sie es einzig und allein

zu deinem Besten tun!

Sei misstrauisch gegenüber jeder Stimme, innen oder außen, die sagt: »Mit dir stimmt etwas nicht.« Diese Stimme mag dich nicht und sie ist wenig hilfreich. Es ist möglich, dass du mit dem Bewusstsein, jemand anderen unfreundlich behandelt zu haben, auf eine sanfte Art erkennst: »Ich möchte das nicht tun. Es fühlt sich nicht besonders gut an.« Und es geht weder darum, dass du ein schlechter Mensch bist, noch darum, dass du nicht so sein solltest; es geht einfach nur darum, dass du nicht unfreundlich sein möchtest, weil es deinem Herzen wehtut.

Wenn du dieser Erkenntnis gegenüber offen bist, wirst du nicht versuchen müssen, anders zu sein, denn in jenem sanften Zugang wirst du dich bereits verändert haben.

LEBENSWEISHEITEN, DIE SELBSTHASS UNTERSTÜTZEN

Es ist besser zu geben als zu nehmen.

Einem alten Hund kann man keine neuen Tricks beibringen.

Du bekommst, was du verdienst.

Je mehr du es versuchst, desto besser wird es gelingen.

Vier Augen sehen mehr als zwei.

Manche Dinge sind einfach Schicksal.

Kinder sollte man sehen, nicht hören.

Mach's nicht so, wie ich es mache, sondern so, wie ich es dir gesagt habe.

FÜGE DEINE EIGENEN HINZU:

WIDERSPRÜCHLICHE ÜBERZEUGUNGEN, DIE SELBST-HASS AUFRECHTERHALTEN

Gut Ding will Weile haben.
Man muss das Eisen schmieden, solange es heiß ist.

Sei stets für andere da.
Halte dich immer an den Klassenbesten.

Bleibe nie jemandem etwas schuldig.
Großzügigkeit ist eine Tugend.

Carpe diem.
Sorge vor für schlechtere Zeiten.

Sei realistisch.
Sei kreativ.

Drück dich aus.
Kontrolliere dich.

FÜGE DEINE EIGENEN HINZU:

SELBSTERFORSCHUNG: NOCH EINE WENIG HILFREICHE IDEE

Zeugnis

hat es richtig gemacht	1+
hat aufgepasst	1+
hat Dinge entschieden	1+
hat anderen geholfen	1+
war erfolgreich	1+
konnte mit Druck umgehen	5-

Selbsthass übt unglaublichen Druck auf mich aus,
damit ich perfekt bin,
was dazu führt, dass ich Fehler mache*,
weil ich so gestresst bin
und überfordert und
unglücklich.

---

* Tatsächlich ist es nicht möglich, Fehler zu machen.

WARUM UNS SO VIEL AM UNGLÜCK GELEGEN IST

SCHÜLER: Ich bin mir bewusst, dass ich dazu neige, mich eher auf Bestrafung zu konzentrieren und Anerkennung nicht wahrzunehmen. Ich glaube scheinbar, dass Bestrafung funktioniert und Anerkennung nicht. Ich frage mich, was ich von dieser Vorstellung habe.

LEHRERIN: Wenn du daran glaubst, dass Bestrafung wirksam ist, dann macht es Sinn, viele Dinge zu tun, die du für falsch erachtest, damit du häufig bestraft werden kannst und das Leben gemäß deinen Vorstellungen »funktionieren« wird.

SCHÜLER: Es scheint, dass mir am Unglück viel gelegen ist.

LEHRERIN: Behalte im Hinterkopf, dass Egozentrizität, Selbsthass und Unglück Synonyme sind. Unglücklich zu sein bedeutet, das Zentrum des Universums zu sein. Dazu kommt noch, dass wir uns als unschuldig erachten und dennoch bestraft werden. »Ich habe vielleicht etwas falsch gemacht, aber es war nicht sooo furchtbar. Das hier verdiene ich jedenfalls nicht!«

Ist das nicht perfekt? Wir verwenden selbst unsere Fehltaten zu unserem eigenen Vorteil. Ich habe etwas falsch gemacht, aber ich drehe es so hin, dass ich das Opfer bin und entschädigt werden sollte. Und Egozentrizität ist für gewöhnlich gleich zur Stelle, um Vorschläge zu machen, wie wir diese Ungerechtigkeit ausgleichen könnten.

Mit Dingen wie:

○ Eiskrem
○ einen gefundenen Geldbeutel nicht zurückgeben
○ rücksichtslos Auto fahren
○ tratschen
○ ein Verhältnis mit dem Partner eines anderen haben

»Für diese Ungerechtigkeit schuldet mir das Leben schließlich etwas.«

BUCHHALTUNG DES SELBSTHASSES

In diesem System der Buchhaltung

○ liste ich alles auf, was ich tue. Ziehe ich alles ab, was alle anderen nicht tun.
○ liste ich alles auf, was alle anderen bekommen. Ziehe ich alles ab, was ich nicht bekomme.
○ liste ich alles Glück auf, das alle anderen haben. Ziehe ich alles Glück ab, das ich nicht habe.
○ liste ich alle Vorteile auf, die alle anderen hatten. Ziehe ich alle Vorteile ab, die ich selbst nicht hatte.

Du kannst es dir ungefähr vorstellen.

Ich bin so tief unten im Loch, weil alles, was ich tue, gut ist, und alles, was ich bekomme, schlecht ist.

Also ... wie soll ich mich da nicht als Opfer fühlen? Und wieso sollte ich nicht versuchen, die Rechnung auszugleichen?

Und natürlich entgeht uns, dass sich fast jeder selbst als Opfer sieht und die anderen als Täter und sich daher die Menschen fortwährend unfair behandeln.

Wer von uns wird damit aufhören?

SELBSTHASS UND DER MISSHANDLUNGSKREISLAUF

In Beziehungen zwischen Erwachsenen können die Stress-Situationen des Lebens dazu führen, dass ein Partner den anderen körperlich oder mit Worten verletzt. Dies kann in einen Verhaltenszyklus münden, der die folgenden Elemente enthält:

- ○ zunehmender Stress,
- ○ Misshandlung,
- ○ Reue
- ○ und den Entschluss, »perfekt zu sein«.

Wir haben bei einem solchen Kreislauf meistens einen Mann und eine Frau als Beteiligte vor Augen, aber er kann zwischen zwei Personen jeden Geschlechtes oder auch zwischen mehreren Personen auftreten.
In Form von Selbsthass erfordert er nur einen selbst.

In der klassischen Situation kommen ein Mann und eine Frau zusammen, weil sie ihr Leben verbessern möchten. Er wird sich um sie kümmern und sie wird es unterstützen, damit er in der Lage ist, sich um sie zu kümmern.

Nach einer Weile funktioniert es nicht mehr. Die Stressmomente des Lebens drängen ihn in eine Krise und er entledigt sich seiner Frustration, indem er sie schlägt.

Dann fühlt er sich gut, weil er Stress abgebaut hat, aber er fühlt sich schlecht, weil er seine Frau geschlagen hat.

Sie fühlt sich gut, weil sie dafür bestraft wurde, ihn im Stich gelassen zu haben, aber sie fühlt sich schlecht, weil ihr Mann sie gerade verprügelt hat.

Dann setzen sie sich zusammen und beschließen, dass dieses schreckliche Ereignis nie wieder vorkommen darf, und beide fühlen sich besser.

Sie haben einen Plan. Es ist unter Kontrolle. »Wir werden diesen Fehler nicht noch einmal machen. Wir werden es besser machen. Wir werden perfekt sein.«

Und dann baut sich der Stress langsam wieder auf …

Abhängige Verhaltensweisen – ob es Essen ist, Alkohol, Drogen, Sex, Rauchen, Arbeit, Beziehungen – folgen alle dem gleichen Zyklus.

Zum Beispiel:

 Stress baut sich auf und ich greife zur Abhängigkeit meiner Wahl. Ist es Essen, sause ich in die Küche und futtere mich von einer Ecke zur anderen durch.

Ich fühle mich prima, weil der Stress sich verringert hat. Ich habe mich sozusagen betäubt und das Verlangen ist gezähmt. Aber ich fühle mich SCHRECKLICH, weil ich gerade kiloweise gegessen habe!

Also mache ich mich selbst fertig,

bis ich davon überzeugt bin,

es beherrschen zu können.

Ich habe gesehen, was passiert ist.

Es wird nie wieder vorkommen.

Ich habe einen Plan.

Dieses Mal werde ich es richtig machen.

Ich werde es besser machen.

Tatsächlich werde ich sogar perfekt sein.

Und der Stress

                    baut sich langsam wieder auf ...

DER MISSHANDLUNGSKREISLAUF

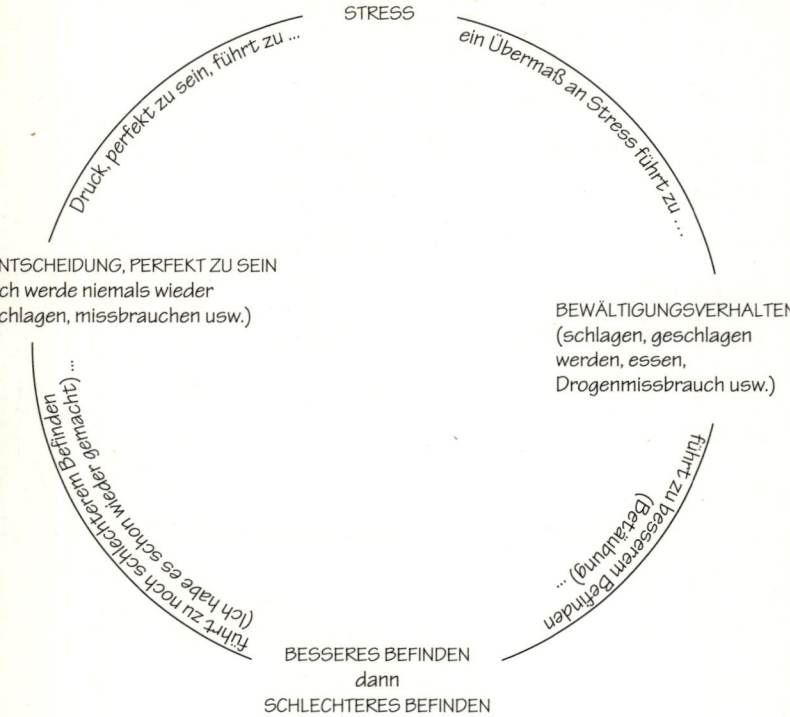

STRESS

Druck, perfekt zu sein, führt zu ...

ein Übermaß an Stress führt zu ...

ENTSCHEIDUNG, PERFEKT ZU SEIN
(Ich werde niemals wieder
schlagen, missbrauchen usw.)

BEWÄLTIGUNGSVERHALTEN
(schlagen, geschlagen
werden, essen,
Drogenmissbrauch usw.)

Führt zu noch schlechterem Befinden
(Ich habe es schon wieder gemacht) ...

Führt zu besserem Befinden
(Betäubung) ...

BESSERES BEFINDEN
dann
SCHLECHTERES BEFINDEN

Dieser Vorgang kann auftreten

○ zwischen zwei Menschen

○ innerhalb unserer selbst (zwischen zwei Teilen oder
Unterpersönlichkeiten)

Die Vorstellung zu übernehmen, dass du perfekt sein musst, bildet die ideale Voraussetzung für Selbsthass. Du glaubst, dass deine Wahl darin besteht, entweder perfekt oder ein Versager zu sein.

ABER: SELBSTHASS LEGT DEN STANDARD
FÜR PERFEKTION FEST
und du kannst dir sicher sein,
DASS DU DIESEN NIEMALS ERFÜLLEN WIRST.

Wenn du ihn erfüllen würdest, womit würde dich Selbsthass dann fertig machen? Womit würde er dir drohen? Und wenn du dich nicht verängstigen ließest, wie würdest du dann unter Kontrolle bleiben?

Selbsthass will dich glauben machen, dass er dich kontrolliert, damit du so bist, wie du sein solltest. Täte er das nicht, wärst du nicht nur nicht perfekt, du wärst der pure Abschaum.

Selbsthass hat dich überzeugt:
Wenn du einfach nur so sein würdest,
wie du bist,
dann wärst du ganz schrecklich.

So wird die

GROßE, HÄSSLICHE LÜGE

zur

GROßEN, HÄSSLICHEN ÜBERZEUGUNG:

Selbsthass,

     Beurteilungen,

          Verurteilungen,

               Schuldzuweisungen,

                    Bestrafungen

                        und Ablehnung

sind alle zu deinem Nutzen, denn sie sind die einzigen
Dinge, die dich davon abhalten,

eine furchtbare Person

zu sein.

(Haben wir unser Anliegen deutlich genug gemacht?)

Würdest du es bitte riskieren und ein für alle Mal herausfinden, wie du OHNE all die inneren Misshandlungen
und ohne den ganzen Missbrauch bist?

SPIRITUELLE PRAXIS BEGINNT ERST DANN, WENN DIE MISSHANDLUNGEN AUFHÖREN

Ich schlage vor, dass du damit aufhörst, dich selbst zu misshandeln.

Viele spirituelle Lehrer vermitteln, dass Hass nicht die Antwort ist. Sie sprechen von Liebe, von Vergebung, von Großzügigkeit und von Dankbarkeit. Sie sprechen kaum darüber, Menschen zu misshandeln und Menschen zu hassen und dergleichen.

Sie sagen: »Okay, Leute, hier geht es lang. In diese Richtung müsst ihr gehen. Wenn ihr wirklich aufwachen wollt und euer Leiden beenden möchtet und Freude und Frieden und Glückseligkeit finden wollt, so müsst ihr diesen Weg hier einschlagen.«

Und die Antwort lautet: »Ach, lieber nicht. Das werde ich nicht tun.«

Hier mein Vorschlag: Wenn du die Willensstärke aufbringen könntest, für sagen wir mal einen einzigen Tag damit aufzuhören, dich selbst zu misshandeln, und wenn du dann zu einer noch widerlicheren Person werden würdest, als du es jetzt schon bist, dann könntest du dich am nächsten Tag doppelt so kräftig misshandeln und alles Versäumte aufholen. Ich schlage vor, dass du darüber nachdenkst, dieses Risiko einzugehen.

LEHRERIN: Es erfordert ein ungeheures Maß an Mut, damit aufzuhören, uns selbst zu misshandeln. Ich vermute, dies ist nicht deswegen so, weil wir wirklich denken, wir seien schlecht, wenn wir damit aufhören, uns zu misshandeln. Ich denke, es geht darum, dass wir nicht gegen das angehen wollen, was Egozentrizität uns antun wird, wenn wir damit anfangen, unser Leben selbst in die Hand zu nehmen.

Wenn du beschließt, dass du dich nicht mehr länger durch Egozentrizität einschüchtern lassen willst, dann wirst du sofort in einen Kampf auf Leben und Tod verwickelt werden, denn sobald dieser »Rohrstock« verschwindet ... Stell dir das mal vor! Wenn du nicht unter der Androhung von Strafe lebst – was wird dich dann zum Erfolg antreiben? Dazu, diese Anrufe zu erledigen? Diese Liste zu erstellen? Diese Liste abzuarbeiten? Und was wird erst passieren, wenn du nicht die Dinge tust, die du tun solltest?

VERSCHIEDENE SCHÜLER: »Mein Leben wird den Bach runtergehen.« »Mir wird vorgeworfen werden, unverantwortlich zu sein.« »Ich werde das Bild verlieren, das ich von mir habe.« »Die Menschen werden mich durchschauen.« »Ich werde mich schuldig fühlen.«

LEHRERIN: Es wird so furchtbar werden, dass du ganz einfach sterben wirst.

SCHÜLER: Ich denke, darauf würde es letztendlich hinauslaufen. Wenn ich nicht meiner Arbeit nachgehe und kein Geld verdiene, dann werde ich mein Haus nicht abbezahlen können und ich werde nichts zum Essen haben. Und wenn ich das lange genug verfolge, dann wird mir klar, dass ich glaube, alle diese Dinge auf der Liste seien dazu da, mich am Leben zu erhalten. Und dass, wenn ich sie nicht erfülle, die letztendliche Konsequenz den Tod bedeuten wird.

LEHRERIN: Und genau das geschieht, nicht wahr? Tu das oder stirb. (Gelächter) Selbst wenn es nur darum geht, zum Friseur zu gehen. Was wäre, wenn du herausfinden würdest, dass diese Stimme keinerlei Gewalt über dich hat? Was wäre, wenn du nicht glauben würdest, sterben zu müssen, wenn du nicht tust, was sie dir erzählt?

SCHÜLER: Dann würde ich wahrscheinlich einfach das Nächste auf der Liste tun. Meine Überzeugung ist, dass ich die Misshandlungen brauche. Ich brauche die Angst vor dem Tod, um all diese Dinge zu tun. Ich glaube, dass mich nur dieser Antrieb in Bewegung hält und dafür sorgt, dass ich arbeite und etwas zustande bringe.

LEHRERIN: Was würde passieren, wenn du damit aufhörtest, diesen Stimmen zu glauben? Was würde dir passieren, wenn du mit den Misshandlungen aufhören würdest?

EIN ANDERER SCHÜLER: Die schlimmsten Misshandlungen haben bei mir nichts mit der Liste der zu erledigenden Dinge zu tun. Bei mir geht es eher um mein Verhalten, psychologische Dinge und emotionale Verhaltensweisen, von denen ich gelernt habe, dass ich mich so benehmen muss – als wäre das ein unumstößliches Gesetz. Unter diesen speziellen Umständen muss ich z.B. höflich sein. Ich muss nett oder schlau sein oder was auch immer es gerade ist.

LEHRERIN: Stellen wir uns also mal vor, du kommst von einem Abend nach Hause, an dem du etwas Unpassendes gesagt hast. Was würde geschehen, wenn du darauf nicht mit Selbsthass reagieren würdest?

SCHÜLER: Das habe ich schon versucht. Ich war auch teilweise erfolgreich und es scheint eine unwahrscheinlich starke Achtsamkeit zu erfordern, jede Sekunde. Es erfordert ein riesiges Ausmaß an Präsenz.
Und es erfordert Mut, denn es fühlt sich so sehr an, als ob es das ist, »was gute Menschen tun würden« – nämlich, dass ich mich dafür ausschimpfe, was ich getan habe.

LEHRERIN: Was du beschreibst, ist aber kein Ausschimpfen.

SCHÜLER: Nein, es ist viel schlimmer.

LEHRERIN: Es ist Missbrauch. Das ist es, was du wirklich beschreibst. Und das, »was gute Menschen tun«, besteht also darin, beleidigend und grausam zu sein. Ziemlich komisch, oder?

SCHÜLER: Das Ganze hat etwas von keine Kontrolle haben und/oder Kontrolle aufgeben. Wenn ich mich selbst nicht misshandle, dann entsteht da ein Gefühl der Weite und zur gleichen Zeit ein Entsetzen wegen dieser Weite.

Ein Teil von mir möchte mehr als alles andere keine Kontrolle haben, einfach nur mit dem jeweiligen Augenblick gehen, im Fluss sein. Ein anderer Teil klammert sich verzweifelt an Kontrolle, möchte wissen, was geschehen wird, möchte mögen, was passiert, möchte beeinflussen, was geschieht.

Aber der Teil in mir, der am stärksten hervortritt, ist derjenige, der einfach nur schreckliche Angst hat.

LEHRERIN: Allerdings nicht Angst vor dem Missbrauch, damit kommst du gut zurecht. Es ist das Fehlen der Misshandlungen, das dir Furcht einjagt. Du hast Angst vor der Weite.

SCHÜLER: Genau. Mich selbst nicht zu misshandeln ruft ein seltsam unangenehmes Gefühl von Freiheit hervor, von völliger Freiheit.

LEHRERIN: Freiheit und Weite, genau das ist es, was dann vorhanden ist. Es bedeutet auch den völligen Identitätsverlust, denn Identität wird durch diesen Irrsinnsprozess, den wir hier beschreiben, aufrechterhalten. Das ist es, was mich im Zentrum des Universums verharren lässt. Das ist es, was das Ganze in Gang hält. Wenn ich lerne, aufmerksam im jeweiligen Moment zu sein, präsent, dann kann ich genau beobachten, wie all dies geschieht.

MEDITATION:
DAS BRENNEN FÜHLEN

Wenn ich Meditation übe, dann werde ich mich Tag für Tag mehr, so hofft man, an die Weite und an das Gefühl von Freiheit gewöhnen. Ich übe zum Atem zurückzukehren, zur Mitte. Ich schweife ab, ich lasse das fallen, ich kehre zurück. Schweife ab, lasse fallen ... komme zurück. Wieder und wieder stelle ich fest, dass nichts schief läuft, dass mir nichts passiert. Es geht mir schlichtweg bestens. Um jemals frei zu werden, musst du willens sein, dir selbst zu beweisen, dass deine ureigenste Natur Gutsein ist, dass, sobald du mit allem anderen aufhörst, es die dir innewohnende Güte und dein Gutsein sind, die übrig bleiben werden. Das wirst du dir nie beweisen, solange du dich selbst misshandelst, solange du denkst, dass das Einzige, was dich zu einem guten Menschen macht, darin besteht, dich selbst fertig zu machen. Wenn du ernsthaft den spirituellen Weg verfolgst, so wirst du an einem bestimmten Punkt den Mut aufbringen, mit den Misshandlungen lange genug aufzuhören, um herauszufinden, dass du im Grunde deines Wesens aus Güte bestehst.

Darum haben wir eine Meditationspraxis:

Um zu lernen, still zu sitzen mit allem, was auch immer gerade hochkommt. An nichts von alledem ist etwas dran. Es ist nur Zeug. Es ist nur, worin wir verfangen sind, womit wir uns identifizieren, woran wir hängen, um die Illusion unserer selbst als getrennte Wesen aufrechtzuerhalten; es ist all das Umherwirbeln, zu dem wir konditioniert sind. Etwas geht schief, jemand ist nicht einverstanden mit uns oder wir missbilligen uns selbst und wir schalten in den höchsten Gang, um zu versuchen, es wieder zu richten, sodass wir bloß alles wieder in Ordnung bringen.

Wenn wir während der Meditation still sitzen, so kratzen wir uns nicht, wenn es juckt. Also, das bringt die Leute auf die Palme. Manche sagen dann: »Das ist doch Blödsinn. Wie kann nicht zu kratzen, wenn es einen juckt, etwas mit spiritueller Übung zu tun haben?« Es hat alles mit spiritueller Übung zu tun, denn es ist genau diese »Es juckt, ich muss mich kratzen«-Reaktion, die sich an der Wurzel eines großen Teils unseres Leidens befindet.

Aber du kannst auch einfach nur bemerken, dass es juckt (ah, Jucken), und rein gar nichts dagegen tun müssen.

Du kannst erkennen, dass du eine konditionierte Antwort auf eine Empfindung hast. Du musst sie nicht persönlich nehmen. Du musst sie nicht beantworten. Wenn du einmal gelernt hast, nicht auf diese Weise reagieren zu müssen, so bist du davon befreit. Du beweist dir selbst, dass du weder sterben noch verrückt werden wirst, und dir werden auch keine Körperteile abfallen. Du kannst einfach nur da sein und es geht dir prächtig. Dann schmerzt etwas und du kannst durch es hindurchsitzen. Es wird einfach nur interessant. Du widersetzt dich ihm nicht mehr. Es ist irgendwie faszinierend, wie es dort wehtut, und ziemlich bald tut es hier weh und dann tut es auf einmal nirgends mehr weh. Und dann denkst du: »Hm. Mein Bein hat wehgetan.« Du sitzt still da, atmest ein, atmest aus, und diese hilfreiche kleine Stimme sagt: »Hat nicht dein Bein vor einer Weile wehgetan?« Plötzlich schmerzt es wieder. Und dann lernen wir, damit still zu sitzen.

Vielleicht bist du furchtbar mit etwas beschäftigt. Wie von etwas besessen. Die Stimme sagt: »Weißt du, ich kann hier nicht sitzen. Ich halte das nicht aus. Ich muss aufstehen und ...«

Und du sitzt einfach nur da. Du reagierst gar nicht darauf.

Oder vielleicht interessierst du dich für Besessenheit an sich.

(Was ist Besessenheit? Wie mache ich das? Was habe ich davon?) Ziemlich bald verlierst du das Interesse daran. Es langweilt dich, denn es lässt dich nichts MACHEN. Dann wendest du deine Aufmerksamkeit vielleicht der Langeweile zu. (Was ist Langeweile? Wie mache ich das? Was kommt dabei für mich heraus?) ... und du sitzt einfach nur da.

Schließlich beruhigt sich alles.

Auf die gleiche Art und Weise glaubst du nicht länger, dass du immer darauf antworten musst, wenn dir etwas im Leben passiert. Du bist still durch so viele »Ich halte das nicht aus!«, »Notfälle« und »Angelegenheiten auf Leben und Tod« hindurchgesessen, dass du ihnen nicht länger glaubst. Indem du nicht darauf reagierst, muss genau diese Energie, diese Kraft, diese karmisch konditionierte Kraft, die hinter ihnen steht, damit beginnen, sich selbst zu füttern. Sie greift bei dir nicht mehr, weil du nicht länger daran teilhast. Sie hat keinen Treibstoff. Und irgendwann verbrennt sie sich. Sie verzehrt sich einfach selbst.

# BEDINGUNGSLOSE LIEBE

SCHÜLER: Gestern habe ich gedacht, wenn ich lernen möchte, mich selbst zu lieben, dann muss ich mich so lieben, wie ich bin. Selbst wenn ich übergewichtig bin, dann sollte ich dankbar für diese Gelegenheit sein, mich zu lieben. Es tröstet mich zu denken, dass es vielleicht einen Grund dafür gibt, warum ich so bin, und dass dieser Grund darin bestehen könnte, mich selbst lieben zu lernen.

LEHRERIN: Ja. Selbst wenn du Gewicht abgenommen hättest und den »perfekten Körper« haben würdest, aber nicht gelernt hättest, dich zu lieben, wo wärst du dann?

SCHÜLER: Ich würde immer noch versuchen, mich selbst zu verbessern, die Dinge zu reparieren, von denen ich denke, dass sie falsch sind.

LEHRERIN: Und alles, was du getan hättest, wäre, akzeptabel genug dir selbst gegenüber zu werden, um konditioniert lieben zu können. Dies ist genau da, wo wir alle stehen. Solange du es richtig machst, solange du ein bestimmtes Aussehen hast, dich so verhältst, wie du es solltest, solange du bestimmte Dinge zustande bringst, so lange wirst du liebenswert sein.

Aber kannst du liebenswert sein
und nicht die Vorgaben erfüllen?

Kannst du diese Person lieben, die den Vorgaben nicht
gerecht wird? Vorgaben von denen dir beigebracht
wurde, dass man sie erfüllen muss, um liebenswert zu
sein?

Kannst du damit aufhören zu versuchen, dich in denje-
nigen, in diejenige zu verwandeln, der oder die du gerne
wärst? Kannst du damit auch lange genug aufhören,
um herauszufinden, wer du wirklich bist?

Du wirst dich niemals genug verbessern, um deine eigenen Vorgaben zu erfüllen. Egozentrizität wird dafür
sorgen. Aber in dem Moment, in dem du
dich selbst liebst, bist du vollkommen
verändert.

Nicht so sein zu wollen, wie du bist,
ist einer der bedeutendsten Aspekte
des Selbsthasses.

Wir haben gelernt, dass es nicht in Ordnung ist zu fühlen, was wir fühlen, oder zu denken, was wir denken, oder die Erfahrungen zu machen, die wir machen. Als Kinder mochten uns die Menschen nicht, wenn wir das taten, also versuchten sie, uns zu verändern. Wir haben das verinnerlicht und wir haben dieses System übernommen. Also versuchen wir jetzt, alles zu verändern, womit wir nicht einverstanden sind.

Auf dem Weg der Akzeptanz wollen wir diese Dinge an uns selbst nicht verändern. Nur auf dem Weg des Nicht-Annehmens hoffen wir, dass Akzeptanz bedeuten würde, dass sich die Dinge verändern werden.

Wir können die ganze Bandbreite an Erfahrungen
erleben,
die in unserem Potenzia stecken,
und wir können es alles genießen.

Wenn wir uns durch jene konditionierte Verhaltensweise des Verändernmüssens hindurch- und dann jenseits
davon bewegen, so wird uns alles zur Verfügung stehen.
Wenn du zum Beispiel unglücklich bist, dann ist eigentlich nichts daran verkehrt, aber wenn du Unglücklich-
sein nicht ausstehen kannst, dann ist es die Hölle.
Wenn du unglücklich bist und es nicht hasst, dann
wirst du dich wahrscheinlich relativ schnell durch diesen Zustand hindurchbewegen.

Erfahrungen ziehen schnell vorüber, wenn wir präsent
sind und uns ihnen nicht widersetzen. Wenn wir aufhören, präsent zu sein, und uns in etwas verfangen, dann
können wir es ewig in d e Länge ziehen.
Wir werden niemals irgendetwas »bekommen«,
eine Philosophie,
eine Formel,
einen festen Standpunkt,
das uns für immer anders werden lässt.

Es gibt kein Geheimnis, das dich reparieren wird.
(Erinnere dich daran, nichts an dir ist verkehrt.)

Dies ist ein lebenslanger Vorgang. Wenn du dich dazu entschließt zu lernen, dich um dich selbst zu kümmern, dein Leben in Mitgefühl zu leben, dann wird es erforderlich sein, dass du dies übst, bis du stirbst.

Eine innere Beziehung muss genauso gepflegt und erhalten werden wie eine äußere. Und das ist eine gute Nachricht! Wenn du dich in jemanden verliebst, dann sagst du auch nicht: »Oh nein, wie lange muss ich den denn lieben?«
Wenn wir verliebt sind,
dann lieben wir es,
diese Person zu lieben,
und wir hoffen,
dass es für immer anhalten wird.

WENN DU DICH SELBST NICHT HASST ...

Wenn du dich selbst nicht hasst, dann wirst du nicht ...

dauernd zu spät kommen,

dauernd zu früh kommen,

alles aufschieben,

wie besessen arbeiten,

Genussmittel missbrauchen,

dir nichts gönnen,

deine Gefühle unterdrücken,

versuchen, perfekt zu sein,

dir zu viele Sorgen machen,

dir darüber Sorgen machen, dass du dir zu viele Sorgen machst,

dich von der Anerkennung anderer abhängig machen,

dem Richter glauben,

den Richter ablehnen,

dich selbst bestrafen,

zu nachsichtig mit dir selbst sein,

Gelegenheiten versäumen,

vor dir selbst Angst haben,

versuchen, dich zu verbessern,

versuchen, andere zu verbessern.

FÜGE DEINE EIGENEN THEMEN HINZU:

Wir sind dafür verantwortlich,
die Person zu sein,
die wir immer finden wollten.

Wir müssen unsere eigene beste Freundin,
unser eigener bester Freund werden.
Wir müssen lernen,
uns selbst
bedingungslose Liebe und Akzeptanz zu schenken
und sie von uns selbst anzunehmen.

Das ist nicht selbstsüchtig.

Es ist der
ERSTE
GROßE SCHRITT
zur
SelbstLOSIGkeit.

Wir nennen Menschen dann selbstsüchtig,
wenn sie NICHT GEBEN WOLLEN.
Aber sie KÖNNEN NICHT GEBEN,
was sie NICHT HABEN.

Es ist, als würde man ein verhungerndes Kind bitten,
sein Essen zu teilen,
und ihm dann Schuldgefühle einjagen,
weil es nicht will.

Wenn wir genug haben,
dann sind wir ganz wild darauf,
es zu teilen.*

---

*Was wir haben und was wir in der Lage sind, anzunehmen, sind zwei
sehr verschiedene Dinge.

DIEJENIGEN, DIE SICH
VOLL UND GANZ GELIEBT
FÜHLEN,
SIND NICHT SELBSTSÜCHTIG,
SIE SIND LIEBEVOLL.

NICHTS ZU TUN

Wir sehen hier, wie uns die Schichten des Selbsthasses davon abhalten, unsere uns eigene, unsere uns allen innewohnende Erleuchtung zu erfahren.

Es ist ganz einfach eine Frage dessen, was schon vorhanden ist.

Es ist für uns nicht nötig, etwas zu TUN.

Was wir suchen, steht uns zur Verfügung, wenn wir damit aufhören, alles andere zu TUN.

> Wir müssen uns nicht verändern.
>
> Wir müssen uns nicht reparieren.
>
> Wir müssen uns nicht verbessern.
>
> Wir müssen es nicht richtig machen.

Es hat nichts mit alledem zu tun.

Darauf konzentrieren wir uns jedoch, anstatt ganz einfach hier zu sein.

Deswegen sind die Selbstmisshandlungen so wichtig für uns. Sie stellen wahrscheinlich die bei weitem effektivste Methode dar, um unser Erwachen zu verhindern.

Deswegen sind wir der Akzeptanz gegenüber so in Widerstand, denn im Vorgang des Akzeptierens gibt es nichts zu tun.

Wir müssen überhaupt nichts TUN.

> Stillzusitzen
> in mitfühlendem Akzeptieren
> ist alles, was erforderlich ist.

In jedem von uns lebt ein kleines Kind, dem zu glauben beigebracht wurde, dass böse Dinge geschehen oder geschehen werden, weil es schlecht ist.

Wenn wir als Erwachsene dieses Kindes gewahr werden, werden wir traurig und wir empfinden die Traurigkeit dieses Kindes. Wir sind dazu konditioniert, diese Traurigkeit AUFHALTEN zu wollen, uns von dieser Erfahrung wegzubewegen.

Um des Kindes willens müssen wir das nicht tun. Es muss tief innen wissen, dass es völlig in Ordnung ist, diese Erfahrung zu machen. Das Kind braucht völlige Akzeptanz dafür, wie auch immer es ist, und zwar in jedem Moment. Und wir, als Erwachsene, brauchen das auch. Als wir klein waren, war es das, was wir nicht bekommen haben – Akzeptanz dafür, wie auch immer wir in jedem Augenblick sind.

Mitgefühl ist die einzige Antwort. Etwas AUFHALTEN, REPARIEREN oder VERÄNDERN zu wollen ist Teil des selbsthassenden Vorgangs. Bleibe einfach bei der Erfahrung und

VERSTEHE EIN FÜR ALLE MAL,

dass dies *tieftraurig* ist
Es ist nicht falsch,
es ist einfach nur schwer,

es ist schwer, ein Lebewesen zu sein.

Wie könnten wir etwas anderes als Mitgefühl empfinden?

Natürlich wird Ego auch hier gleich in die Bresche springen und sagen:
»Genug mit dieser Traurigkeit. Lass uns etwas dagegen TUN.«

Diese TU-alität wird uns sofort wieder auf den Boden des Topfes zurückbefördern. Ich stelle mir einen großen Dampfkochtopf voller Selbsthass vor und du bist gerade dabei, den Topfrand zu erklimmen, als du auf etwas stößt, das dich gleich wieder hineinplumpsen lässt.

Für gewöhnlich ist dieses »etwas«: zu versuchen, deine Erfahrung zu verändern.

Dich selbst kritisieren, jemanden anderen beurteilen oder verurteilen, zu denken, du müsstest etwas verändern, etwas in Ordnung bringen, etwas tun – und schon bist du wieder am Boden des Selbst-hass-Topfes angelangt.

Wieder mal ...

DANKBARKEIT

Wenn du es schwierig fir dest, die subtileren Mechanis-
men des Selbsthasses bei ihrer Arbeit zu ertappen, so
kann es hilfreich sein, in Meditationshaltung zu sitzen.
Einer der Wege, wie wir Selbsthass während einer Me-
ditationsübung sehen können, verläuft ungefähr so:

Du sitzt da,
einfach nur atmend,
wachsam,
ruhig, still.

Obschon alles, was du tust, aus ruhig sitzen und atmen
besteht, bemerkst du, dass ein Teil von dir andauernd alles absucht und bemüht ist, genau das zu finden,

    was dich
        aus der Stille
            herausziehen wird.

Dieser Teil sagt solche Sachen wie:

Gib dich stark und verlässlich.

Sei immer höflich.

Konzentriere dich auf das Positive.

Halte strenge Selbstdisziplin.

Das geht so lange weiter, bis du an etwas hängen bleibst und deine Aufmerksamkeit zu wandern beginnt. Bald stellst du fest, dass du gerade am Tagträumen/ Fantasieren/Dir-Sorgen-Machen/Problemelösen warst, und du wendest deine Aufmerksamkeit wieder dem Atem zu.

Und wieder wandert deine Aufmerksamkeit. Du stellst es fest und kommst zum Atem zurück.
Vergeude deine Zeit und deine Energie nicht damit, dich dafür fertig zu machen, dass du abgeschweift bist.
Sitz einfach nur still da in Dankbarkeit darüber, dass du zurückgekommen bist.

SELBSTHASS:
SEIN GRÖSSTES TALENT

Selbsterhaltung ist die größte Fähigkeit des Selbsthasses. Selbsthass führt einen gründlichen, aggressiven, manchmal lauten, manchmal stillen und sehr oft subtilen Feldzug, um uns in seiner Hand zu behalten.

Selbsthass wird sich mit der Behauptung rechtfertigen, dass er uns dazu befähigt zu überleben. Das ist eine Täuschung.

Wir müssen uns nicht misshandeln, bestrafen, maßregeln, züchtigen, ausschimpfen, niedermachen und wir haben es niemals nötig gehabt.

DIE IRONIE DABEI IST,
DASS UNSERE SELBSTBESTRAFUNG
UNS DAVON ABHÄLT ZU SEHEN,
DASS WIR UNS GAR NICHT
BESTRAFEN MÜSSEN.

Wenn wir uns jemals des inneren Teufelskreises der Misshandlungen bewusst werden können und wenn wir willens genug sind, diesen zu durchbrechen und NICHT DEN MISSHANDLUNGEN nachzugeben, dann beginnen wir zu erkennen, wie alles zusammenhängt.

Es erfordert Mut und Geduld und den Glauben an unser uns innewohnendes Gutsein.

SCHMERZHAFTE DINGE KOMMEN HOCH –
NICHT, UM UNSER LEBEN ZU RUINIEREN,
NICHT, UM UNS UNGLÜCKLICH ZU MACHEN,
NICHT, UM UNS UNSEREN SPAß ZU
VERDERBEN,
SIE KOMMEN HOCH,
UM GEHEILT ZU WERDEN,
UM IN MITGEFÜHL UMARMT ZU WERDEN.

Wir wünschen uns oft, dass das Überlebenssystem unserer Kindheit einfach verschwinden würde, aber wenn wir es einmal umarmt haben, wenn wir einmal verstanden haben, wie viel es für uns getan hat und wie viel wir dadurch gelernt haben, dann sind wir froh, dass es sich bis hierhin so lautstark bemerkbar gemacht hat.

Selbsthass ist,

sich selbst ein neues Auto zu kaufen
und sich dann nicht darum zu kümmern.*

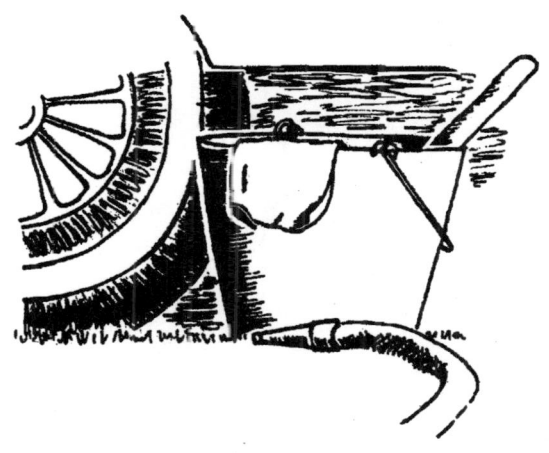

---

* »Sich nicht darum kümmern« bedeutet, sich nicht um DICH
SELBST zu kümmern.

Selbsthass ist,

den Nachtisch zu essen,

den ich haben wollte,

und mich dabei die ganze Zeit schuldig zu fühlen.

 SCHÜLER: Als ich heute hierher kam, sagte eine Stimme: »Niemand möchte hören, was du zu sagen hast.« Natürlich wusste niemand, einschließlich mir, was ich sagen würde, aber das hält diese Stimme nicht auf. Nun, da ich hier bin und nichts gesagt habe, meint die Stimme: »Du nimmst nicht teil. Du solltest etwas sagen.«

LEHRERIN: Was auch immer du also tust, es ist verkehrt; was auch immer du bislang getan hast, es war verkehrt; und was auch immer du zukünftig tun wirst, es wird verkehrt sein.

Wenn man ein solches System benützt, um auf der sicheren Seite zu bleiben, dann ist das so, als wäre die Heilung schlimmer als die Krankheit.

Selbsthass ist

mich mit

»DAS IST SO UNFAIR«

zu quälen.

Ich betrachte den Berg an Arbeit, den ich im Vergleich zu meinen Kollegen bewältige, und sage: »Ich sollte mehr Geld verdienen. Das ist unfair.« Aber ich werde für meine Arbeit bezahlt und wenn ich mich nicht mit Fairness quälen würde, dann würde ich auch nicht leiden. Stattdessen bleibe ich in diesem Gefühl stecken, dass ich mehr Geld verdient habe, mehr vom Leben verdiene als das, was ich zur Zeit bekomme.

Um diesen ganzen Selbsthass-Schlamassel noch weiter zu vervollständigen, bin ich wie gelähmt, weil ich Angst habe, nach mehr Geld zu fragen, fürchte ich mich davor, Umstände zu machen, und hasse mich dafür, Angst zu haben.

SELBSTHASS UND ABHÄNGIGKEIT

Bewältigungsstrategien,
die auf Selbsthass beruhen,
bewirken, dass du dich
zur gleichen Zeit
besser
und schlechter
fühlst.

Alle schwer wiegender Abhängigkeiten funktionieren so.

Selbsthass ist
die ultimative Abhängigkeit.

LEHRERIN: Selbsthass ist eine Abhängigkeit und sehr viel Selbsthass manifestiert sich durch andere Abhängigkeiten.

Gestern Abend habe ich mit einer Frau gesprochen, die vier Jahre und sechs Monate lang nichts getrunken hatte und dann ausging, um Alkohol zu trinken. Ich sagte ihr, wenn sie sich nicht länger hasst, dann braucht sie das auch nicht mehr zu tun. Wenn du dich nicht hasst, dann möchtest du dich auch nicht schlecht behandeln. So einfach ist das.

Bei einer Abhängigkeit wie von Alkohol muss eine Zeit kommen, in der du mit einer Flasche vor dir am Küchentisch sitzt, und du sitzt so lange dort, bis du weißt, dass du nichts trinken wirst. So wie in dem Film »12 Uhr mittags«. Du musst hinausgehen und dem Schurken in die Augen blicken. Du kannst Glück haben oder auch nicht, aber du musst zum Duell erscheinen, oder die Schurken werden ziemlich bald die Stadt kontrollieren. Du kannst nicht hoffen, dass Selbsthass müde wird, dich fertig zu machen, und einfach verschwinden wird.

Es ist wie bei einer Erpressung: Sobald sie einmal losgeht, wirst du so lange ausgenommen, bis nichts mehr von dir übrig ist.

Die Erpresser nehmen nicht nur deinen letzten Cent und verschwinden dann; hier wird nicht einfach nur der Wasserhahn abgedreht, sondern es werden gleich die ganzen Leitungsrohre aus der Wand gerissen.

Also – willst du deine Chance in der Konfrontation nützen oder möchtest du einen langsamen, kläglichen Tod sterben? Mit der ersten Möglichkeit hast du eine 50:50-Chance; mit der zweiten hast du gar keine. Um in diesem Bild zu bleiben: In Wirklichkeit ist deine Chance wesentlich größer als 50:50, denn wenn du dir deinen Revolver schnappst und beginnst, um zwölf Uhr mittags die Hauptstraße hinunterzuspazieren, wird der Schurke gar nicht auftauchen.

SCHÜLER: Richtig. Nichts hält gründlicher Überprüfung stand. Mehr noch – nichts zeigt sich bei gründlicher Überprüfung.

LEHRERIN: Aber solange du im Versteck verharrst, wirst du es niemals bis auf die Hauptstraße schaffen. Wie Franklin D. Roosevelt sagte: »Wir haben nichts zu fürchten außer der Furcht selbst.« Wir haben solche Angst davor, Angst zu haben, wir haben solche Angst davor, unzulänglich zu sein, dass wir uns gar nicht erst beweisen werden, dass wir es nicht sind.

In einem unserer früheren Beispiele sagt derjenige in uns, der Unzulänglichkeit projiziert, Dinge wie »Du denkst, dass du ein Läufer sein könntest?«. Es ist eine andere Situation, daher ist es manchmal schwer zu erkennen, dass sie den gleichen Ursprung hat.

Aber wer hat Interesse daran, dass du Angst hast? An der Aufrechterhaltung der Illusion von Unzulänglichkeit? Möchten Menschen, die dich lieben, dass du Angst hast? Möchtest du dich selbst als unzureichend, als wertlos und unwürdig erfahren? Nein, absolut nicht.

Wenn wir einmal erkennen, dass Furcht einen Vorgang darstellt, dann können wir sie in den Griff bekommen. Und nichts wird dich schneller dorthin befördern als die Konfrontation mit dem Selbsthass – und zwar in der Art und Weise, wie ich es beschrieben habe, denn das blanke Entsetzen wird hochkommen. Jedes Mal, wenn eine hasserfüllte Stimme aufkommt und anfängt, dir etwas zu erzählen, dann sitzt du einfach nur auf dem Sofa und liest ein Buch oder du gehst nach draußen und betrachtest die Blumen oder du lädst dich selbst irgendwohin zum Mittagessen ein oder du gehst ins Kino.

SCHÜLER: Dann kommt Entsetzen hoch?

LEHRERIN: Ja. Selbsthass hat fürchterliche Angst, dass du Freundlichkeit dir selbst gegenüber zur Gewohnheit werden lässt.

Für mich läuft es auf Folgendes hinaus: Keiner meiner Helden (und alle meine Helden sind religiöse Persönlichkeiten) hat je gesagt: »Das Wichtige im Universum ist, mit Furcht und Unzulänglichkeit eins zu sein.« Okay? Niemand hat je Gott als »Furcht und Unzulänglichkeit« definiert und dann gesagt, dass es dies ist, wonach du streben solltest. Wenn ich also Wahre Natur, Buddha-Natur, Gott als die höchsten Werte im Leben erachte und dann von Moment zu Moment immer wieder das genaue Gegenteil davon wähle, was tue ich dann? Das ist das grundlegende spirituelle Thema. Wie kann ich diese Furcht überwinden, um Weisheit, Liebe und Mitgefühl zu wählen?

SCHÜLER: Ja, wie überwindet man das?

LEHRERIN: Ich persönlich gehe wieder »die Flasche auf den Tisch stellen«. Es gibt Zeiten in meinem Leben, in denen ich auf meinem Kissen sitze und mich daran festklammere, weil ich nur so vermeiden kann, zu schreien oder mich umzubringen oder verrückt zu werden, weil jedes kleinste bisschen meiner Konditionierung in mir hochkommt und sagt, was es zu sagen hat. Der heilige Johannes vom Kreuze sprach von der dunklen Nacht der Seele und für mich ist es genau das, worüber er redete. Sein Bild davon war, dass Gott und der Teufel um deine unsterbliche Seele ringen. Und fühlt es sich nicht genauso an? Und sieht es nicht die meiste Zeit so aus, als ob der Teufel gewinnen würde?

SCHÜLER: Genau. Es sieht fast danach aus, als ob ich auf der Seite des Teufels wäre!

LEHRERIN: Ja, und daher glaube ich – und da weiche ich von einem Großteil der restlichen Welt ab –, daher glaube ich wirklich keine Sekunde lang, dass es etwas Wichtigeres gibt als das, wonach ich suche. Ich glaube nicht, dass es irgendetwas Wichtigeres gibt! Ich glaube nicht, dass Geld wichtiger ist, ich glaube nicht, dass Sicherheit wichtiger ist, oder ein guter Ruf oder berühmt zu sein oder von anderen Menschen gemocht zu werden oder irgendetwas anderes. Ich glaube, dass es nichts Wichtigeres gibt als meine Wahre Natur. Wenn also etwas zwischen uns beide tritt, dann werde ich so lange damit still sitzen, bis es nicht länger vorhanden ist.

Ich werde mich einfach hinsetzen und still damit sitzen und immer wieder zu dem zurückkehren, von dem ich weiß, dass es wahr ist – so lange, bis nichts mehr zwischen mir und dieser Wahrheit steht. Ich weiß, wann das geschieht. Wir alle wissen, wann das geschieht. Wir alle kennen diesen Augenblick der Einheit mit unserer Wahren Natur, dem Frieden, der Freude, der Ausgeglichenheit. Wir wissen, wenn es vorhanden ist, wir wissen, wenn es fehlt.

Es ist wie ein Missklang in einer Beziehung mit jemandem, den ich liebe. Ich werde mich darum kümmern, bis dieser Mangel an Harmonie verschwunden ist und Friede, Freude und Zufriedenheit zurückgekehrt sind. Ich sage nicht: »Das schaue ich später an.« Ich will mich JETZT darum kümmern! Ich will mich um nichts anderes kümmern, solange dies nicht geregelt ist, und ich weiß, dass sich die Lösung hier drinnen verbirgt (zeigt zu ihrem Herzen). Also ist es erforderlich, dass ich damit still sitze.

Selbsthass ist wie Treibsand.

Was auch immer du tust, um herauszukommen,
wird bewirken, dass du noch tiefer sinkst.

Jeder Schritt, den du machst,
um von dem Standort wegzukommen,
an dem du dich befindest, zieht dich ebenfalls hinunter.

Wenn du im Treibsand deine Gegenwehr aufgibst,
dann wirst du langsamer sinken.

Wenn du jedoch im Selbsthass deine Gegenwehr
aufgibst (wenn du akzeptierst), dann bist du frei.

MITGEFÜHL – EGAL, WAS GESCHIEHT

SCHÜLER: Hier ist ein Muster an Selbsthass, das ich beobachtet habe. In letzter Zeit habe ich versucht zu sagen: »Na gut, ich habe dieses Bedürfnis und ich werde dieses Mal für mich selbst eintreten. Ich werde um das bitten, was ich für mich brauche.« Also mache ich das und meine schlimmsten Ängste werden wahr. Den Menschen gefällt nicht, was ich gesagt oder getan habe. Mein Bedürfnis wird zurückgewiesen.

Dann kommt Selbsthass hereinspaziert und sagt: »Ich habe dich gewarnt!« Aber dann sagt eine andere Stimme, die ich früher nie hören konnte: »Aber du hast es getan. Das ist dieses Mal das Wichtigste. Es kommt nicht darauf an, was hinterher passiert ist, du hast es getan.«

LEHRERIN: Ja, wir sehen die Muster des Selbsthasses und wir lernen, diesen Stimmen keinen Glauben zu schenken. Sie werden nicht aufhören, sie werden weitermachen. Und sie werden ein vorher undenkbares

Ausmaß erreichen, denn wenn du versuchst, dieses Zeug zu durchbrechen, wird es eskalieren. Wenn du beginnst, Egozentrizität den Boden unter den Füßen wegzuziehen, so wird sie alles nur Erdenkliche aufbieten, um sich zu verteidigen.

Davon können wir fest ausgehen. Dann, wenn die Dinge für uns am schwersten sind und Mitgefühl am meisten gebraucht wird, genau dann ist Selbsthass am stärksten.

Denn wenn du Mitgefühl für dich zu einer Zeit haben kannst, zu der du es wirklich brauchst, kannst du dir vorstellen, wie dann das Selbsthass-System zu wanken und zu zittern beginnt? Du kannst nicht zu viele Erfahrungen dieser Art machen, ohne dich langsam zu fragen, ob dieser ganze Selbsthass wirklich das bewirkt, was er vorgibt zu bewirken. Das ist es, warum die Antwort lautet:

Mitgefühl – EGAL, WAS GESCHIEHT.

Nun, wir sagen, dass wir so lange Mitgefühl empfinden können, solange es nichts »wirklich furchtbar Schreckliches« ist, das wir gemacht haben. Aber genau dann brauchen wir Mitgefühl am dringendsten!

SCHÜLER: Also dann, wenn du es wirklich total ver-
masselt hast, wenn du dich von deiner schlechtesten
Seite gezeigt hast und wenn alle Stimmen des Selbsthasses hochkommen, dann muss das Mitgefühl selbst
diese Stimmen annehmen ...

LEHRERIN: Sobald wir damit aufhören, sie als mächtig
anzusehen, wenn wir sie stattdessen als armselig, als
einsam, als verletzt und als irregeführt erachten, wie
könnten wir dann kein Mitgefühl entwickeln?

BEREITWILLIGKEIT IST DER SCHLÜSSEL

SCHÜLER: Etwas, das für mich einen Unterschied im Verstehen von Akzeptanz gemacht hat, ist die Erkenntnis, dass sich die Dinge nicht verändern müssen, damit ich sie akzeptieren kann. Wenn etwas geschieht, dann ist alles, was ich zu tun habe, den Willen aufzubringen, dies anzuerkennen. Und das bedeutet, dass ich es annehme. Es ist ja nicht so, dass meine Akzeptanz oder Nichtakzeptanz verändern könnte, ob es passiert oder nicht. Es geschieht ja bereits und alles, was ich tun kann, ist, dies anzuerkennen.

LEHRERIN: Ich kann nichts davon geschehen machen, aber ich kann da sein und verfügbar sein. Für mich ist es das, was die Übung des Sitzens bedeutet – immer wieder gewillt sein, präsent und verfügbar zu sein. Es ist, als würdest du deine Hände aufhalten, um zu empfangen. Es gibt keine Garantie dafür, dass du etwas bekommen wirst, aber wenn dir jemand etwas geben möchte, so bist du bereit.

SCHÜLER: Ich würde nicht sagen, dass ich beständig oder diszipliniert mit dem Sitzen bin. Aber im beständigen Willen, die Dinge zu betrachten und die Welt als Spiegel zu benützen, in dem ich meine Projektionen sehen kann, kann ich anerkennen, dass es Teile von mir gibt, die ich nicht mag und vor denen ich Angst habe.

LEHRERIN: Das ist der Kern des Ganzen, weil die Grundlage unserer gesamten Übung die Beendigung des Leidens ist, und in jedem Moment haben wir die Gelegenheit, das zu sehen, was in uns leidet. Wir können fragen: »Was befindet sich außerhalb des Bereichs des Mitgefühls? Was ist nicht geheilt?« Und wir können dies dann in das heilende Licht des Mitgefühls hineinbringen, indem wir es einfach anerkennen, annehmen, zulassen. Das ist die Art von Person, die ich bin. Dies lebt in mir. Dies fühle ich, dies mache ich. Dies sind die Gedanken, die ich habe. Dies sind die Neigungen, die ich habe.

Die konditionierten Verhaltensmuster
des Leidens möchten,
dass wir all das unter Verschluss halten,
damit es weiterhin
außerhalb des Mitgefühls existieren kann.

Und nur in dem Maße, in dem wir die Bereitwilligkeit aufbringen können, es in das Licht des Mitgefühls zu tauchen, kann es geheilt werden.

Auf diese Weise kannst du alles von dir haben und erleben, anstatt zu versuchen, nur jene Dinge hervorzubringen, die Egozentrizität akzeptabel findet. Du kannst sein, du kannst Erfahrungen machen, du kannst alles haben, indem du einfach nur im jeweiligen Moment bist, wer du gerade bist.

SCHÜLER: Obwohl ich weiß, wie froh es mich macht, wenn das geschieht, ist es immer noch erschreckend, einen anderen Teil von mir zu finden, den ich zuvor nicht gesehen habe.

LEHRERIN: Ja, denn Egozentrizität betrachtet das als Tod. Solange sich all diese schrecklichen, versteckten Dinge in dir befinden, solange kann Selbsthass dein Verhalten kontrollieren. Wenn du aber willens bist, alles ans Tageslicht zu bringen, hat Selbsthass nicht länger Macht über dich.

Wenn ich Mitgefühl dafür haben könnte

(mich selbst dafür lieben könnte),

dass ich mich selbst hasse

(!),

würde ich mich nicht länger hassen,

ich würde mich lieben

und nichts an mir

müsste sich verändern.

DIE STIMMEN: HÖR ZU, ABER GLAUBE KEIN WORT

Wenn die Stimmen in deinem Kopf zum Beispiel sagen, dass du ein schlechter spiritueller Schüler bist, eine schlechte Meditiererin, du Zappelphilipp, dein Geist wandert, dann könntest du das an einem gewissen Punkt als Selbsthass identifizieren und es loslassen. Aber wenn du anfängst zu denken, was für ein guter Meditierer du bist, was für eine gute spirituelle Person du bist, wie gut du es machst, um wie vieles besser deine Praxis ist als die der anderen, so ist das ebenfalls Selbsthass und sehr schwer loszulassen, wenn du dich einmal darin verfangen hast.

Es ist hilfreich, sich anzugewöhnen, keiner der Stimmen Glauben zu schenken – ihnen wohl zuzuhören, aber nicht zu glauben. Es ist, wie wenn du mit einer Gruppe von Menschen um den Abendbrottisch sitzt und alle reden. Du kannst zuhören, aber du musst nicht entscheiden, wer Recht hat und wer nicht, wer gut ist und wer schlecht usw. Du kannst einfach nur eine Geisteshaltung der Präsenz einnehmen, aber nicht involviert sein.

Wenn du diese Geisteshaltung mit anderen Menschen einnehmen kannst, so ist das ein großer Schritt. Wenn du sie innerhalb deiner selbst haben kannst, bewegst du dich in Richtung Freiheit. Denn der Teil in dir, der versucht herauszufinden, was richtig und was falsch ist, wer gut ist und wer schlecht usw., ist das Problem. Das ist die Person, die verwirrt ist und die leidet. Wenn du einfach einen Schritt zurücktreten kannst, dann gibt es nichts zu verstehen und es gibt nichts zu glauben. Es gibt einzig und allein nur die vollkommene Präsenz im jeweiligen Moment.

Die Stimmen befördern uns aus dem Moment heraus und machen uns glauben, dass es eine andere Welt als die jetzige gäbe. Je mehr sie uns in diesen Glauben verstricken können, desto mehr werden wir an die Illusion unserer selbst als getrennte Wesen glauben und desto mehr werden wir leiden. Je weniger wir glauben, je weniger verführt wir werden, desto mehr sind wir fähig, im jeweiligen Moment zu sein, und desto weniger ist jemand da, der leidet.

LERNE, PRÄSENT ZU SEIN.

Übe dich darin, die Stimmen in deinem Kopf zu hören,
ohne darin verwickelt zu werden und ohne ein Urteil zu
fällen.
Und sieh es als bewiesen an,
dass jede Stimme, ob innere oder äußere,
die dir erzählt, dass

ETWAS AN DIR VERKEHRT IST,

nicht die Stimme
deines Herzens ist,
Gottes oder
deiner Wahren Natur.

Der Grund dafür,

dass Akzeptanz nicht populärer ist,

liegt darin, dass es in Akzeptanz

nichts zu tun gibt.

Im Vorgang des Akzeptierens gibt es nichts »Falsches«, das geändert, repariert, überarbeitet oder anderweitig verbessert werden müsste.

Und die einfache,

erstaunliche,

irrsinnig verblüffende

TATSACHE

ist, dass, sobald du dich selbst akzeptierst,

genauso

wie

du

bist,

aggressiv

unsicher

versnobt

zurückgezogen

schüchtern

abhängig

wütend

gestresst

selbstsüchtig

beginnen werden, wegzufallen, weil diese »Schwächen«
nur im Nichtannehmen, im Selbsthass existieren.

LEHRERIN: Nichts an dir ist ein Problem, solange du dich ihm nicht widersetzt. Das Problem entsteht mit dem Widerstand.

SCHÜLER: Was aber ist, wenn ich etwas tun möchte,
das schädlich ist?

LEHRERIN: Etwas tun zu wollen und etwas zu tun sind
zwei gänzlich verschiedene Dinge. Es gibt keinen Grund
zu handeln, nur weil du ein Gefühl hast.

SCHÜLER: Aber was ist, wenn ich handeln möchte?

LEHRERIN: Deine Fragen kommen aus der Vorstellung
heraus, dass du im Grunde deines Wesens schlecht
bist und dass du schlecht sein würdest, wenn du dich
nicht kontrollieren könntest. Sobald du erkennst, dass
du selbst Gutsein bist, und sobald du es dir erlaubst,
von diesem Ort aus auch zu leben, wird es dir
niemals einfallen, schädlich – vorsätzlich
schädlich – zu handeln.

Wenn du das
Fürchterlichste auf der Welt
nimmst,

und es einlädst,

es umarmst

und mit ihm still sitzt,

was bleibt dann noch übrig,
um davor Angst zu haben?

SELBSTHASS: ALLE TUN ES!

Wenn ich einmal diesem Selbsthass-Prozess auf der Spur bin, dann sehe ich, dass er die ganze Zeit über stattfindet, überall.

Jeder tut es.
So funktionieren wir.

Wenn ich erkenne, dass dem so ist, dann hört Selbsthass auf, eine private, eine heimliche Angelegenheit zu sein, die beweist, dass ich ein schlechter Mensch bin. Ich kann damit anfangen, ihn weniger persönlich zu nehmen.

An einem gewissen Punkt,

jetzt oder später,

wirst du es riskieren müssen,

DU SELBST

zu sein,

um herauszufinden,

wer das in Wirklichkeit ist.

Nicht das konditionierte Du, nicht das »Du«, von dem
dir beigebracht wurde, dass du es wärst, sondern wer
du WIRKLICH bist.

Und dies wird vielleicht

das Unheimlichste,

das Liebevollste,

das Lohnendste

sein, das du je getan hast.

Wenn du nicht
freundlicher wirst,
sanfter,
großzügiger,
und liebevoller,
dann machst du diese Arbeit nicht.

Wenn du dich
belasteter fühlst,
beurteilend
und zurückgewiesen,
dann bist du in Selbsthass.

WAS IST DER WEG?

Wir finden, dass das Modell auf den folgenden Seiten eine ziemlich genaue Vorstellung davon wiedergibt, wie uns unsere auf Furcht und Selbsthass ausgerichtete Konditionierung davon abhält, unsere wahre Natur kennen zu lernen.

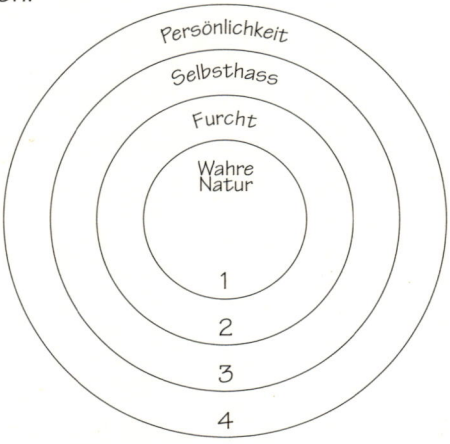

Auf der Ebene der Persönlichkeit (4) haben wir unsere Bewältigungsmuster, all unsere Verteidigungsstrategien, all die Wege, mithilfe derer wir in der Welt zurechtkommen. Von dieser Ebene aus entscheide ich vielleicht, dass ich mehr möchte als das, was das Leben mir anbietet, dass es irgendwie mehr geben muss als das, was für das Auge offensichtlich ist.

Also beginne ich, mit meiner Persönlichkeit zu arbeiten. Ich versuche, sie zu verbessern, sie in Ordnung zu bringen, sie auszutüfteln. Ich beschließe, dies oder jenes zu bekommen oder mir anzuschaffen, einen neuen Partner oder eine neue Partnerin, eine neue Arbeit, ein neues Haus oder Auto. Ich verfolge

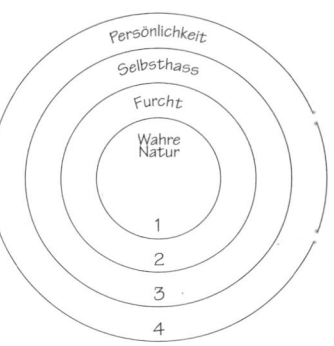

Wege zur Persönlichkeitsentfaltung, ich mache eine Therapie. Ich tue all die Dinge, von denen ich denke, dass sie mich zu der Person machen, die ich sein sollte. Nichts an alledem ist verkehrt, nur funktioniert es einfach nicht.

Irgendwann schlagen all diese Versuche fehl und ich beschließe, ins eiskalte Wasser zu springen und eine Art spirituelle Übung zu beginnen, vielleicht eine Meditationspraxis – etwas, das darauf angelegt ist, mich über die Persönlichkeit hinauszuführen.

Ich beginne die lange, mühsame Reise zur Mitte meines Seins. Das Erste, auf das ich stoße, ist Selbsthass (3). Nun, dies ist die Schicht die – dankenswerterweise –

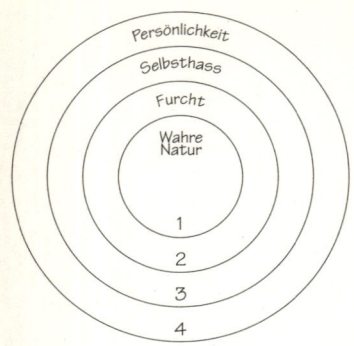

Persönlichkeit
Selbsthass
Furcht
Wahre
Natur
1
2
3
4

die Persönlichkeitsebene davon abgehalten hat, zu funktionieren! (Unsere Reise ist eine spirituelle Übung und hat nicht zum Ziel, ein erfolgreiches egozentrisches Leben zu führen.)

Also bin ich nun hier, auf Ebene 4, und versuche, die perfekte Person zu werden, und Ebene 3 weist mich darauf hin, dass das nicht funktioniert. Ich will mich verbessern und Selbsthass lässt mich nicht. Immer wenn ich versuche, einen wirklichen Anfang auf meiner spirituellen Reise zu finden, wird Selbsthass alles nur Erdenkliche tun, um mich daran zu hindern, und wird mich dann dafür fertig machen, dass ich aufgehört habe.

Ich fange an zu meditieren und Selbsthass bremst mich und macht mich dann dafür fertig, dass ich aufgehört habe. Ich fange an, Sport zu treiben, und Selbsthass bremst mich und macht mich dann dafür fertig, dass ich aufgehört habe.

Wenn ich die Bereitwilligkeit aufbringe, dennoch in jedem Fall aufzupassen, mich durch die ganzen Stimmen

des Selbsthasses hindurchzu-
kämpfen, und wenn ich lerne, einfach bloß still durch all das hin-
durchzusitzen, ohne mich ablen-
ken zu lassen, dann ist die nächste Ebene, auf die ich treffe, die
Ebene der Furcht (2).

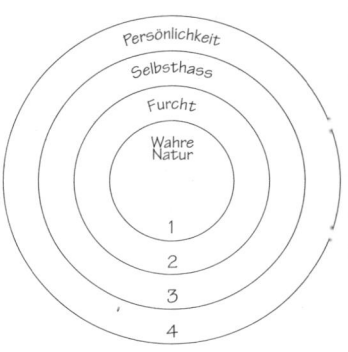

Ich habe es durch die Ablenkungen hindurchgeschafft,
ich bin voller Mitgefüh für mich selbst und dann ist da
dieser kleine Moment der Stille ... Was bekomme ich?
Angst. Riesige Angst. Sie sagt: »Du wirst sterben!« Und
ich denke: »Wie kann das die Antwort sein? Ich habe all
das durchgemacht und DAS IST DIE ANTWORT?«

Also kehre ich zurück zu Ebene 3, dem Selbsthass, und
ich sehe, dass Selbsthass sehr praktisch ist, denn er
arbeitet in zwei Richtungen: Ich kann mich von Angst zu
Selbsthass bewegen und ich kann mich von Persönlichkeit zu Selbsthass bewegen. Selbsthass ist flexibel.

Ich kann mich dafür hassen, Angst zu haben, und ich
kann versuchen, mich so hinzubiegen, dass ich keine
Angst mehr habe, und ich kann Angst vor der Angst

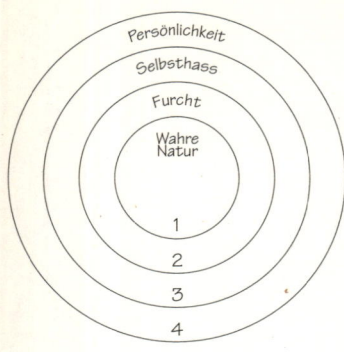

Persönlichkeit
Selbsthass
Furcht
Wahre
Natur

1
2
3
4

haben und ich kann mich dafür hassen, dass ich davor Angst habe, mich nicht zu hassen ...

Alles darauf angelegt, mich davon abzuhalten, bis zur Mitte vorzudringen (1).
Vielleicht aber, mit Geduld und Bereitwilligkeit und Erfahrung oder ganz einfach durch die Erkenntnis, genug gelitten zu haben, erkenne ich irgendwann, dass dieser ganze Prozess der Wanderung von Persönlichkeit zu Selbsthass zu Angst zu Selbsthass zu Persönlichkeit und wieder zurück genau das war, was ich tun musste, um zu lernen, was ich lernen musste. Ich erkenne, dass jeder Schritt, den ich gemacht habe, ein Schritt auf dem Weg war.

Vielleicht erkenne ich, dass alles, was geschah, perfekt war, dass meine Wahre Natur niemals unzugänglich, niemals unerreichbar gewesen ist, immer präsent, mich stets führend.
Es war niemals irgendetwas verkehrt.
Ich habe es nur nicht gewusst.

134

SCHRECKLICHE DINGE
(UND ICH MEINE SCHRECKLICH)

Selbsthass hat daran Interesse, dich davon zu über-
zeugen, dass du eine schreckliche Person bist, dass
sich tief unten etwas ganz Furchtbares in dir befindet.
Warum? Weil Selbsthass damit am Ruder bleibt. Er
kann einfach

BUUH

rufen und du wirst erschrocken zurückspringen und
tun, was auch immer er sagt.

Aber du kannst seinen Bluff entlarven, indem du einfach sagst:

»RAUS MIT DEM GANZ FURCHTBAREN DING. ZEIG ES MIR.«

Aber das kann Selbsthass nicht.

Und je weniger er dir das Ganz Furchtbare Ding zeigen kann, desto mehr wird es dir dämmern, dass es

vielleicht gar nicht existiert.
Vielleicht gibt es in dir gar kein
»Ganz Furchtbares Ding«.

Selbsthass beginnt an diesem Punkt ganz wild zu werden, denn er verliert an Macht – und dadurch wird jener Teil in dir gestärkt, der einen Schritt vom Selbsthass zurücktreten und sich auf diese Art mit ihm unterhalten kann.

Es ist jener Teil, der anfangen kann, nicht mehr zu glauben, dass etwas an dir verkehrt sei, es ist der Teil in dir, der beginnt, frei zu werden.

DAS GESCHENK

Ich erhalte meine Identität aufrecht,
indem ich mich selbst nicht anschaue.

Dieses System, diese Identität kann einer genauen
Überprüfung nicht standhalten. Nichts kann das.

Und daher ...
geht Ego gerade, wenn ich anfange, mich selbst (meine
konditionierte Identität) zu erkennen, in die Defensive
und die Stimmen fangen an:

Mir ist langweilig.

Das ist doof.

Ich brauche das hier nicht.

Ich kann das nicht.

Das hier funktioniert bei mir nicht.

Ich habe zu viel zu tun.

Es kann so klingen, als ob wir Selbsthass als Feind betrachten würden, aber das tun wir nicht. Gandhi
sprach über seine politischen Gegner als Lehrer, denn
es sei ein Segen, wertvolle Gegner zu haben. Sie werden
dich zwingen, das Beste hervorzubringen, das in dir
steckt.

Das ist das spirituelle Geschenk,
das Selbsthass für uns bedeutet.

Unabhängig davon,
was du zu glauben
gelernt hast,
ES WAR NIEMALS
irgendetwas
an dir verkehrt

LEHRERIN: Jetzt lasst uns mal ein bisschen Selbsthass hören. Beantwortet diese Frage: Was stimmt mit euch nicht?

GRUPPE: Alles ... Ich kann nicht herausfinden, was mit mir falsch ist ... Ich kann es nicht richtig machen ... Nie bin ich ernsthaft ... Ich bin undankbar ... Ich bin kritisch und beurteilend ... Ich werde im Dreck landen ... Ich bin voller Ärger ... Ich werde niemals bekommen, was ich verdiene ... Ich komme in Gruppen nicht klar ... Ich bin ein Jammerlappen ... Ich bin zu verschlossen ... Mir kann man nicht trauen ... Ich bin ein Schwindler ... Ich bin faul und hemmungslos ... Ich bin nachlässig ... Ich bin zu ernst ... Ich bin ein Feigling ... Ich kann dem Programm nicht folgen ... Ich bin nie zufrieden ... Ich passe nicht auf ... Ich rede zu viel ... Ich bin zu langsam ... Ich kriege nie etwas fertig ... Ich denke nicht genug nach ... Ich kann nicht mithalten ... Ich bin nicht gut genug ... Ich bin selbstsüchtig ... Ich bin gemein ... Ich bin unfreundlich ... Ich bin wertlos ... Ich bin nicht liebenswert ... Ich bin unehrlich ... Ich bin stolz ... Ich muss immer alles unter Kontrolle haben ... Ich kann nicht gut reden ...

Ich bin doof … Ich hab mich nicht im Griff … Ich bin zu emotional … Ich bin zu empfindlich …

LEHRERIN: Als ihr geantwortet habt, beobachtete ich, wie ihr immer kleiner und kleiner wurdet. Ihr habt einen Kurztrip zurück in die Kindheit unternommen. Die Stimmen veränderten sich, die Körpersprache wurde anders, die Energie veränderte sich. Plötzlich saß ich in einem Raum mit einer Horde kleiner Kinder.
Sie sind alle sehr lieb.

Selbsthass benützt

Selbstverbesserung

zur

Selbsterhaltung.

Solange du
darauf bedacht bist,
dich selbst zu verbessern,

wirst du immer
ein Selbst haben,
das es zu verbessern gilt.

Und du wirst immer leiden.

KEIN WUNDER, DASS WIR UNS UNZULÄNGLICH FÜHLEN

Selbsthass ermuntert dich, zu beurteilen und zu verurteilen, und dann macht er dich dafür fertig.

Du urteilst über jemand anderen
und es ist einfach nur
nach außen projizierter Selbsthass,
dann bekommst du ihn zurück
und wendest ihn bei dir selbst an,
indem du dich dafür fertig machst,
dass du geurteilt hast!

Wir nennen das:
»Was auch immer du tust, du kannst nur verlieren.«

DAS SCHLIMMSTE,
DAS PASSIEREN KÖNNTE

SCHÜLER: Der Glaube an Fairness ist wirklich ein abgekartetes Spiel für Selbsthass.

»Wenn das Leben gerecht wäre, wenn die Dinge so ausgeglichen wären, wie sie sein sollten, dann würde mir dies nicht passieren.« Es ist ganz einfach, von da zu »Ich muss etwas falsch gemacht haben« zu kommen. Es ist das alte Lied von »Wieso passieren guten Menschen schlechte Dinge?«. Ich schätze, es gibt weder schlechte Dinge noch gute Menschen, sondern einfach nur Dinge und Menschen.

LEHRERIN: Und das ist beängstigend, oder nicht? Denn das bedeutet, dass wir keine Kontrolle haben. Wenn uns trotz all unserer größten Bemühungen, die Dinge so zu lenken, wie wir sie haben möchten, alles Mögliche zustoßen kann – wo bleibt dann Egozentrizität? Eine von Egos Drohungen lautet: »Wenn du nicht genau das tust, was ich dir sage, dann wird dir etwas Schreckliches zustoßen.«

Wenn du dieser Drohung glaubst, dann ist das Schlimmste, was passieren kann, ...

bereits passiert!

SCHÜLER: Und was ist dieses »Schlimmste«?

LEHRERIN: Glaube an Unzulänglichkeit. Zu glauben, dass du deinem Leben nicht ebenbürtig bist. Dich von deiner Wahren Natur, von deinem Herzen, von Gott abzuwenden.

ES IST WIRKLICH EIN WUNDER, angesichts all unserer konditionierten Angst willens zu sein, das Stillsitzen mit uns selbst auch nur in Betracht zu ziehen. Wir arbeiten und arbeiten, um die Schichten unserer Konditionierung freizulegen, und wenn wir sehen, was wir freigelegt haben, lautet unsere Reaktion:

>>Oh nein, das nicht!
Ich will das nicht sehen.<<

Was haben wir denn geglaubt, was wir sehen würden? Wir müssen uns daran erinnern, dass dies die Schicht an »Zeug« ist, die zwischen dem liegt, der sucht, und dem, was gesucht wird. Es ist das, was mich von mir selbst fern hält. Uns ist beigebracht worden, es zu hassen und zu fürchten, damit wir viel zu viel Angst haben und viel zu angewidert sind, um es überhaupt nur anzuschauen. Diese Schicht an »Zeug«, sie »weiß«, sollten wir dies jemals tun – sollten wir jemals zu unserem unkonditionierten Selbst zurückkehren –,

dann geht es erst richtig los!

Zu dem zurückzukehren, was wir wirklich sind, bedeutet nie mehr Selbsthass, nicht länger die Illusion von Getrenntsein, nie mehr Egczentrizität. Darum ist es so unendlich schwer und deswegen macht es fast niemand.

Egozentrizität ist sehr mächtig und sehr klug und sehr entschlossen, denn s e denkt, dass sie für ihr Überleben kämpft.

Daher sieht es immer schlechter aus, je tiefer wir vordringen. Deswegen ist es entscheidend, still sitzen zu lernen und nichts von alledem zu glauben, was die Stimmen uns erzählen. Desha b ist es so ungeheuer wichtig, Mitgefühl zu finden.

WENN DIE STIMME ZU DIR

NICHT VOLLER MITGEFÜHL SPRICHT,

SO HAT SIE DIR NICHTS

LOHNENDES ZU SAGEN. *

---

* Alles, was du wissen musst, wird zu dir in Mitgefühl kommen.

Verwechsle nicht

NETT UND HÖFLICH

mit mitfühlend.

Eine mitfühlende Person kann das sein, was wir nett
und höflich nennen, aber Mitgefühl versucht nicht, nett
und höflich zu sein.

Nett und höflich
kommen aus unserer
Konditionierung heraus.

Mitgefühl kommt aus dem Herzen
und aus unserer Verbundenheit füreinander.

TU EINFACH SO, BIS DU ES SCHAFFST

SCHÜLER: Viel von meinem Widerwillen, mich einigen der Aspekte in der Arbeit zuzuwenden, die Selbsthass beenden soll, stammt vom Selbsthass selbst. Wenn ich zum Beispiel erkenne, dass ich schlechte Dinge zu mir selbst sage, dann sieht es unecht aus, wenn ich mich mitfühlend sein lasse, indem ich mir selbst stattdessen etwas Gutes sage. Aber ich finde, dass oft schon der Versuch alleine hilfreich ist. Kürzlich habe ich mich mürrisch gefühlt und undankbar und einfach der mechanische Vorgang, »Danke« aufzuschreiben, hat ausgereicht, um einen Sinn für Dankbarkeit zu finden. Ich könnte nun sagen, dass das unecht und doof war, aber es hat funktioniert.

LEHRERIN: Die Stimme, die sagt, dass es unecht ist, hat fürchterliche Angst davor, dass du herausfindest, wie aufrichtig du bist.

SCHÜLER: Es ist in Ordnung, einfach nur vorzugeben, dass du dich selbst magst, es ist in Ordnung, dass du den Anschein erweckst, dich selbst zu umarmen, selbst wenn es sich dumm und falsch anhört.

Die heilige Teresa von Avila lehrte, sich der Erfahrung von Dankbarkeit zuzuwenden, und ich habe immer angenommen, dass sie meinte, Dankbarkeit ganz einfach vorzugeben, auch wenn sie gerade nicht vorhanden ist. Ich handle oft so, »als ob«, und sobald ich das tue, empfinde ich eine echte Veränderung.

LEHRERIN: Weil es eben NICHT unecht ist. Du handelst so, wie du wirklich bist, gemäß deiner Wahren Natur, und das reicht weitaus tiefer als Selbsthass.

BLEIB BEIM ATEM

SCHÜLERIN: Ich war auf einer Tagung, bei der wir jeden Morgen eine Stunde in Meditationshaltung gesessen haben. Uns wurde erzählt, dass diejenigen, die noch nie zuvor gesessen haben, eventuell verschiedene körperliche Empfindungen verspüren könnten, sogar Übelkeit. Ich hatte noch nie vorher meditiert, aber ich wollte alles richtig machen, also saß ich jeden Morgen. Ich war damals schwanger und bei jedem Sitzen dachte ich, mich übergeben zu müssen. Aber da ich wusste, dass Empfindungen dieser Art vorkommen können, blieb ich beim Sitzen und kam zu dem Entschluss, es auszuhalten, selbst wenn ich mich übergeben müsste oder ohnmächtig werden würde. Ich habe dabei gelernt, dass ich in der Lage war, durch all dies hindurchzugehen, indem ich bei jedem einzelnen Atemzug geblieben bin. Und diese Erfahrung zeigte mir, dass die inneren Stimmen nicht Recht hatten. Sie sagten: »Du kannst das nicht, du wirst krank werden.« Aber das stimmte nicht, auch nicht die körperlichen Hinweise, die auftauchten. Das war eine äußerst wertvolle Erfahrung. Später, als ich in den Wehen lag, war es wieder so: Solange ich bei jedem einzelnen Atemzug blieb, ging es mir gut.

Und das hat mir gezeigt, wo Freiheit liegt.

LEHRERIN: Ja. Wenn du eine andere Tagung besuchen würdest und zum Beispiel eine Freundin dabeihättest und wenn sie auch immer diese Stunde am Tag sitzen würde, obwohl sie nie zuvor gesessen hat, dann könntest du ihr vielleicht sagen: »Ich hoffe, du weißt, was für eine großartige Sache es ist, die du gerade tust. Es ist wirklich schwer, und du tust es dennoch.«
Das ist es, was wir normalerweise zu jemandem sagen, der uns wirklich wichtig ist, was wir aber nicht zu uns selbst sagen. Aber wir könnten. Wir könnten sogar darüber hinausgehen, uns zu sagen, dass es in Ordnung ist, unsere Gedanken und unsere Gefühle zu haben, und etwas wahrhaft Mitfühlendes riskieren wie: »Das war echt gut. Ich bin froh, dass du das gemacht hast. Du bist ein feiner Mensch.«
Wenn ich Empfehlungen dieser Art ausspreche, dann sagen die Leute oft zu mir, dass sie Angst haben, egozentrisch und sich selbst gegenüber zu nachgiebig zu werden, wenn sie derart freundlich zu sich selbst sind. Aber wir sind bereits egozentrisch und nachlässig! Freundlich zu uns selbst zu sein ist ein Weg, um NICHT egozentrisch und uns selbst gegenüber zu nachgiebig zu sein!

IST ES IN ORDNUNG, ANGST ZU HABEN?

SCHÜLER: Ich empfinde es als sehr hilfreich, mir während der Meditation zu sagen, dass ich mich liebe. Zuerst fühlte es sich irgendwie unecht und lächerlich an, aber ich beschloss, dabei zu bleiben, und die Ergebnisse waren verblüffend. Manchmal habe ich mich in wirklich fürchterlichen geistigen Zuständen befunden, und der Gedanke daran, mich selbst zu lieben, tauchte ganz von selbst auf. Es hat mich zuweilen zu Tränen gerührt, weil das Mitgefühl wirklich vorhanden ist. Ich habe geübt, »Ich liebe dich« in Worten auszudrücken, und als Ergebnis davon kommen diese Worte einfach hoch.

LEHRERIN: Die Tatsache, dass wir es als »unecht und lächerlich« empfinden, zeigt uns, dass Egozentrizität das Urteil fällt. Von deiner inneren Mitte aus würdest du es niemals als unecht und lächerlich empfinden, dich selbst zu lieben. Nur Ego vergibt solche Etiketten. Es unecht zu nennen ist Selbsthass; es ist Ego, das dich glauben machen will, dich selbst zu lieben sei eine Erfahrung, die du nicht kennst. Darum mag ich diesen Bestätigungsakt, mit dem ich mir selbst versichere, dass ich mich liebe.

Ein praktisches Beispiel von Liebe und Selbstakzeptanz könnte so aussehen: Lass uns annehmen, dass mir bewusst wird, dass ich Angst habe. Ich könnte mir sagen: »Ich bin eine furchtlose und mutige Person«, aber das wird nichts bringen. Oder ich könnte sagen: »Es ist in Ordnung, Angst zu haben«, und anfangen, mich darauf zu konzentrieren, was diese Angst ist. »Was ist Angst? Wie fühlt sie sich an? Wo spielt sie sich in meinem Körper ab? Was sage ich zu mir selbst, wenn ich Angst habe?« Dann kann ich weitermachen und das tun, wovor ich Angst habe, und dann kann ich fragen: »Zu welchem Zeitpunkt kommt Angst auf? Inwiefern hält mich die Angst davon ab, diese Sache zu erledigen? Kann ich Angst verspüren und es trotzdem tun?« Wie du siehst, kann man damit zu vielen Ergebnissen gelangen. Wenn es in Ordnung ist, Angst zu haben, dann sind alle meine Optionen offen.

Habe ich die ganze Zeit Angst? Nein. Nun, wann habe ich Angst? Wovor genau habe ich Angst? Wenn ich versuche, die Angst zu verstecken, sie zu unterdrücken, mich selbst nicht wissen zu lassen, dass ich sie verspüre, so kann sie zu einer Waffe des Selbsthasses werden, denn anstatt jemand zu sein, der vor einer bestimmten Sache Angst hat, werde ich von Selbsthass als furchtsame, ängstliche, jammernde, bedürftige, feige Person gebrandmarkt.

Aber wenn ich einfach vor etwas Angst habe UND DAS IN ORDNUNG IST, dann ist diese Nichtbeurteilung eine offene Tür, durch die ich hindurchgehen kann. Akzeptanz bringt mich zu mir selbst zurück. Ich kann mit der Angst still sein, während sie auftritt, ich kann sie als das erleben, was sie ist, und ich kann zulassen, dass sie in dieser Akzeptanz geheilt wird.

Angst ist sehr dramatisch.

Sie erzählt uns äußerst glaubhafte Geschichten.

Sie erzeugt starke Gefühle in deinem Körper.

Sie ist die wesentliche Stütze der Egozentrizität.

Sie ist Egozentrizität.

Ego ist Angst, und Ego ist all das, was dann geschieht,

um diese Angst, diese Erfahrung von sich selbst,

zu leiten

zu kontrollieren und

zu vermeiden.

(Ego sagt: »Ich werde dich beschützen. Ich werde dafür

sorgen, dass du sicher bist.«)

Ego verbringt enorme Mengen

an Zeit und Energie damit, vorzugeben,

sich selbst zu verhindern!

Pass auf.

Selbsthass ist gerissen.

Er wird sogar Dinge zu dir sagen wie:

»Du solltest den Stimmen des Selbsthasses nicht glauben. Wenn du ihnen immer noch glaubst, dann stimmt wirklich etwas mit dir nicht!«

Ich bin nicht hier,

um ein akzeptabler Mensch zu werden.

Ich bin hier,

um die Person zu akzeptieren, die ich bin.

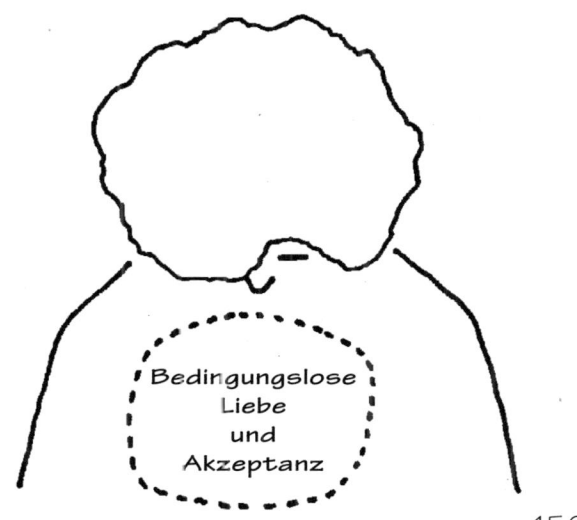

ES KANN SEIN ...

○ Es kann sein, dass du Opfer bringst, aber das macht dich nicht gut, es bedeutet nur, dass du Opfer bringst.

○ Es kann sein, dass du viel akzeptierst, aber das macht dich nicht gut, es bedeutet nur, dass du viel akzeptierst.

○ Es kann sein, dass du zuverlässig bist, aber das macht dich nicht gut, es bedeutet nur, dass du zuverlässig bist.

○ Es kann sein, dass du meditierst, aber das macht dich nicht gut, es bedeutet nur, dass du meditierst.

Wir bezeichnen diese Verhaltensweisen als gut und verhalten uns dann weiter so, um Selbsthass zu unterstützen.
Vielleicht ist es all das Tun, um gut zu sein, das dich davon abhält zu erkennen, dass du bereits gut bist.

○ Es kann sein, dass du Klatsch erzählst, aber das macht dich nicht schlecht, es bedeutet nur, dass du Klatsch erzählst.

○ Es kann sein, dass du lügst, aber das macht dich nicht schlecht, es bedeutet nur, dass du lügst.

○ Es kann sein, dass du ungeduldig bist, aber das macht dich nicht schlecht, es bedeutet nur, dass du ungeduldig bist.

○ Es kann sein, dass du sarkastisch bist, aber das macht dich nicht schlecht, es bedeutet nur, dass du sarkastisch bist.

Wir bezeichnen diese Verhaltensweisen als schlecht und verhalten uns dann weiter so, um Selbsthass zu unterstützen.
Der Glaube daran, dass das, was du tust, bestimmen wird, wer du bist, könnte der wahre Grund dafür sein, sich weiterhin dementsprechend zu verhalten.

In beiden Fällen ist das Spiel gegen Selbsthass nicht zu gewinnen.

Wenn ich mich gut fühle,
muss ich den Preis dafür bezahlen,
weil es nicht wirklich in Ordnung ist,
sich gut zu fühlen.

Wenn ich mich schlecht fühle,
muss ich den Preis dafür bezahlen,
weil es nicht wirklich in Ordnung ist,
sich schlecht zu fühlen.

ABER ICH KÖNNTE EINEN FEHLER MACHEN!

SCHÜLER: Ich habe dich sagen gehört, dass es unmöglich sei, Fehler zu machen. Ich habe Schwierigkeiten, das zu verstehen. Würdest du bitte noch etwas mehr dazu sagen?

LEHRERIN: Was auch immer es ist, das ich tue – wenn ich aufpasse, so werde ich einen Gewinn daraus ziehen. Ich werde irgendetwas davon lernen.
Schau Evan an, deinen Sohn, als er laufen gelernt hat. Zu welchem Zeitpunkt hätte er sich selbst als einen Versager bezeichnen und aufgeben sollen? Jedes Mal, wenn er vornüber auf seinen Kopf oder auf den Hintern fiel? Diese Versuche waren von der Definition des Gehens aus betrachtet nicht erfolgreich, aber sie waren auch nicht ohne Erfolg. Sie waren einfach Teil des Vorgangs, laufen zu lernen.
Wenn wir aufwachen und unser Leiden beenden wollen (und wenn wir bemerken,

wie wir unser Leiden erzeugen), dann werden wir von allem, was geschieht, etwas lernen.

Zum Beispiel lebe ich so vor mich hin und arbeite gewissenhaft auf etwas zu und dann geht es nicht so aus, wie ich es gerne hätte. Wenn ich bereit bin aufzupassen, dann kann es sehr hilfreich sein, nicht zu bekommen, was ich gerne haben möchte.

»Wieso habe ich nicht bekommen, was ich wollte?«
»Wieso hatte ich nicht alles unter Kontrolle?«
»Was ist schief gegangen?«
»Wer ist schuld?«
»Was hätte ich anders machen sollen?«
»Vielleicht hätte ich es noch besser versuchen sollen.«

Na, da steht doch ein ganzes Klassenzimmer für dich bereit!

Wenn du all deine konditionierten Meinungen über »Bekommen, was ich will, Kontrolle, falsch, Schuld, sollte und versuchen« klar sehen würdest, dann hättest du einen Grad an Klarheit erreicht, der dein Leben in einer Weise einfach und angenehm machen würde, wie du es dir jetzt noch nicht einmal annähernd vorstellen kannst. Du hättest ein Ausmaß an Freiheit zur Verfügung, wie du es niemals finden würdest, wenn alles für den Rest deines Lebens genauso verliefe, wie du es gerne hättest.

Scheitern, Fehler machen ... Die Person, die sich quält mit der Frage »Sollte ich die Stelle in Hoboken annehmen?«, als ob Verkehrsmittel immer nur in eine Richtung gingen ... Wenn du die Stelle antrittst und das nicht ist, wo du sein möchtest, dann bist du dazu verdammt, eeeewig dort zu bleiben. Es ist unmöglich zu sagen: »Och, ich mag Hoboken nicht«, und zu gehen. Es geht um Leben und Tod, alles oder nichts.

Das erinnert mich an den frühen Ram Dass mit Fragen wie:

»Soll ich meine Haare schneiden?«

»Soll ich meine Unschuld verlieren?«

»Soll ich Meher Baba lesen?«

Ich vermute, für uns wäre es eher:

»Soll ich Osho lesen?«

(Und natürlich würde die Antwort lauten:
RISKIERE ES.)

Aber die Geisteshaltung, die sich auf so etwas konzentriert, hat bereits versagt.

Wenn du Angst davor hast, einen Fehler zu machen,
dann hast du ihn bereits gemacht. Du bist bereits an
einem Ort, der schlechter nicht sein könnte. Dann
heißt es nur noch, von da wegzukommen.

Informationen dieser Art schätzt Selbsthass gar
nicht, denn womit würde er dich fertig machen, wenn es
unmöglich wäre zu versagen? Wenn es nicht so etwas
wie Fehler gäbe? Wenn du es nicht falsch machen könntest? Und wenn es nichts gäbe, womit man dich fertig
machen könnte, woher würde dann die Kontrolle kommen? Was würde die Angst aufrechterhalten? Was
würde die Furcht und die Unzulänglichkeit aufrechterhalten? Und daraus ergeben sich die folgenden
Fragen:

Was würde Egozentrizität aufrechterhalten? Wie würdest du wissen, wer du bist? Wie würdest du wissen,
wer du sein »solltest« oder was du tun »solltest«?
Einzig und allein die Illusion eines getrennten Selbst
(etwas, das von sich glaubt, sich außerhalb des Lebens
zu befinden und außerhalb des JETZT – unserer einzi-

gen Realität) kann je glauben, dass es möglich ist, Fehler zu machen. Denn tatsächlich geschieht nichts anderes als das, was IST. Nur in einem imaginären parallelen Universum, in dem HIER ist, was geschah, aber DORT ist, was hätte geschehen können, scheint eine Alternative dieser Art plausibel.

In diesem Universum ist nur, was ist.

Alles andere ist eine Täuschung.

Soweit ich weiß, können wir nur dann, wenn wir meinen, dass etwas SO passierte, aber es hätte ANDERS passieren sollen, sagen: »Nun, ich habe *diese* Erfahrung gemacht, aber *das* ist die Erfahrung, die ich hätte haben sollen.«

SCHÜLER: Vom Standpunkt des Teils in mir, der an Versagen glaubt, macht nichts von dem, was du sagst, Sinn, und dennoch – was du sagst, macht Sinn.

LEHRERIN: Deswegen ist es sehr hilfreich, zu unserer Mitte, zum gegenwärtigen Moment zurückzukehren, wenn wir diese Themen betrachten, denn für Selbsthass ist Versagen sehr wichtig.

Was Versagen bringt?

SOLANGE DU VERSAGST,
KANNST DU ES NOCH EINMAL VERSUCHEN.

Also musst du es noch einmal machen. »Ich habe es noch nicht ganz richtig gemacht, daher muss ich es noch einmal tun.«

SCHÜLER: Wie kann das etwas bringen?

LEHRERIN: Es erhält Egozentrizität aufrecht, meinen Platz in der Mitte des Universums. Das ganze Universum hängt an der Frage »Werde ich Erfolg haben?«.
Ich werde noch einmal sagen, was ich schon so oft gesagt habe:
Der Grund dafür, dass annehmen, einfach akzeptieren, was ist, nicht populärer ist, liegt darin begründet, dass es in der Akzeptanz nichts zu tun gibt. Egozentrizität ist Tun.
Und erinnere dich daran, Selbsthass/Egozentrizität/Angst/die Illusion des Getrenntseins ist letztendlich vor allem um eines besorgt:

um die eigene Selbsterhaltung.

Ich glaube, wir konzentrieren uns darauf, »aus unseren Fehlern zu lernen« (uns ihretwegen fertig zu machen), weil uns dies davor abhält, Acht zu geben, was wir

JETZT

tun.

Denk daran, solange du dich außerhalb des gegenwärtigen Momentes bewegst, so lange hat Selbsthass die Kontrolle.

Nichtakzeptanz
ist immer
Leiden,
egal,
was du nicht akzeptierst.

Akzeptanz
ist immer
Freiheit,
egal,
was du akzeptierst.

EINE DEFINITION DES LEIDENS

Zu versuchen, das zu bekommen
und zu behalten,
was wir mögen,

und

zu versuchen, das zu vermeiden
und auszuschalten,
was wir nicht mögen.

Was auch immer sich wehrt
oder unzufrieden ist
oder leidet
oder Angst hat,

IST GENAU DAS,

was angenommen werden muss.

Das Leben ist sehr kurz.

Wir haben keine Zeit, Angst zu haben.
Wir können uns den Luxus nicht erlauben zuzulassen,
dass Angst und Hass unser Leben bestimmen.

DAS IST ES!

SELBSTHASS UND DIE ILLUSION DER KONTROLLE

Wir sind verspannt und gestresst, während wir versuchen, das Leben zu kontrollieren. Wir sind angespannt, klammern uns fest und haben den Eindruck, dass wir so etwas geschehen machen (was wir möchten) oder verhindern, dass etwas geschieht (was wir nicht möchten). Und tatsächlich, wenn wir durch Anspannung das Leben kontrollieren könnten, dann wären wir dumm, es nicht zu tun. Wir wissen aber, dass uns angespannt und gestresst zu sein nicht dazu befähigt, das Leben zu kontrollieren. Sind wir dann nicht ziemlich töricht, wenn wir die Spannung aufrechterhalten? Denn mit diesem Mix aus Anspannung und Keine-Kontrolle-Haben haben wir zwei Probleme:

1.   Anspannung/Stress und
2.   keine Kontrolle über das Leben.

Hätten wir keine Anspannung und keine Kontrolle, hätten wir nur ein Problem:

1.   keine Kontrolle über das Leben,

was als beängstigend
oder als befreiend erlebt werden kann.

Wir haben keine Kontrolle, aber wir denken, dass wir sie haben SOLLTEN.

Das Loslassen der Illusion von Kontrolle wird dich nicht verletzlicher machen, es wird dich entspannter, friedlicher, offener und empfänglicher machen, freudiger und ruhiger.

Kinder haben keine Kontrolle und denken auch nicht, dass sie sie haben müssen.

»Ja, aber schau dir doch an, was mit Kindern passiert!«

Leben ist Leben mit oder ohne die Illusion von Kontrolle. Kinder empfinden der Schmerz des Lebens. Schmerz und Leiden sind nicht dasselbe. Leiden tritt ein, wenn uns beigebracht wird zu glauben, dass das, was uns geschieht, falsch sei und e n Fehler und dass wir es hätten verhindern sollen.

Wir lernen, über das Leben im Sinne von Belohnung und Bestrafung zu denken.

○ Wenn ich gut bin, dann passieren mir gute Dinge. Ich bekomme, was ich will.

   (»Iss deine Erbsen, dann kannst du Kuchen haben.«)

○ Wenn ich schlecht bin, dann passieren mir schlechte Dinge. Ich bekomme nicht, was ich will, und mir werden Dinge vorenthalten.

(»Du hast deine Hausaufgaben nicht gemacht. Heute gibt's kein Fernsehen für dich.«)

Wir lernen zu glauben, wir könnten nur die guten Dinge im Leben haben und alles »Schlechte« von uns fern halten, wenn wir nur genügend Kontrolle ausüben würden, wenn wir so sind, wie wir sein »sollten«. Wir lernen zu glauben, dass das, was uns geschieht, das Ergebnis dessen ist, wie wir sind. Das Leben bestraft uns, wenn wir schlecht sind, und es belohnt uns, wenn wir gut sind.

Im Erwachsenenalter angekommen, glauben wir entweder fest an: »Die Dinge laufen so, wie ich es mir vorstelle. Das bedeutet, dass ich ein guter Mensch bin.« Oder aber an: »Ich bekomme nicht, was ich will. Ich werde dafür bestraft, dass ich schlecht bin.«

Kurz gesagt ist es das, was vor sich geht:
Wir haben gelernt zu glauben, dass Selbsthass – dieser erbarmungslose Dauerbeschuss von Verurteilung, von Kritik und Schuldzuweisung – das ist, was uns davon abhält, grausam zu sein, ausbeuterisch, selbstsüchtig und nachgiebig, und dass wir, wenn wir nicht andauernd überwacht und kontrolliert werden, voller Hass sein und uns verletzend verhalten werden.

Selbsthass wird den Missbrauch
von kleinen Kindern nicht verhindern,
die sich gegenwärtig in kleinen Körpern
befinden,
und er wird den Missbrauch
von kleinen Kindern nicht verhindern,
die sich gegenwärtig in großen Körpern befinden
(wie deinem eigenen).

Der einzige Weg,
wie wir jemals Missbrauch
in jeglicher Form beenden können,
ist, aufhören daran zu glauben,
dass Menschen zu bestrafen
sie zu guten Menschen macht.

Du kannst nicht gewaltlos sein,
wenn es irgendeinen Teil in dir selbst gibt,
demgegenüber du dich im Widerstand befindest.

Du bist nicht wirklich verfügbar,
wenn es irgendeinen Teil in dir selbst gibt,
den du nicht in dein Mitgefühl einschließt.

Deine Liebe wird immer bedingt sein,
solange du irgendeinen Teil
von dir selbst davon ausschließt.

Leiden kann nicht durch Selbsthass geheilt werden.
Nur durch mitfühlende Akzeptanz kann Leiden geheilt
werden.

Wenn wir annehmen, wenn wir akzeptieren, wenn wir uns
selbst öffnen, so wird das Leben uns verwandeln.

Wenn wir uns widersetzen, wenn wir versuchen wegzu-
laufen, dann werden sowohl der Schmerz als auch das
Leiden verstärkt, und wir vertiefen die Konditionierung,
die uns leiden lässt.

Wenn wir umarmen,
        dann trägt der Schmerz
            das Leiden
                ab ...

Wenn wir willens sein können und geduldig,
wird das Leben seine Magie an uns entfalten.

Schritt für Schritt wird all das,
was nicht Mitgefühl ist,
von uns genommen werden,
von uns weggebrannt werden.

Der Schmerz und das Leiden, die dadurch entstehen,
dass wir an unseren Meinungen und Ängsten festhalten, werden so groß werden, dass wir loslassen. Und jedes Mal, wenn wir loslassen, finden wir Frieden, Erleichterung, Leichtigkeit und ein wachsendes Gefühl von
Dankbarkeit und Mitgefühl.

MEDITATION WIRD SICH DARUM KÜMMERN

SCHÜLER: Ich wache nachts auf und habe Angst vorm Sterben. Ich weiß nicht, was ich tun soll.

LEHRERIN: Die Meditation wird sich für dich darum kümmern. Du wirst in der Lage sein, unmittelbar das zu erfahren, was du als Angst bezeichnest. Was ist diese Angst wirklich? »Nun, ich habe Angst zu sterben.« Du wirst sterben, das ist wahr. Stirbst du in diesem Moment gerade? Es sieht nicht danach aus. Ist es eine ERFAHRUNG, die du machst, oder ist es eine VORSTELLUNG, an der du festhältst?
Was wäre diese Empfindung ohne all die Meinungen, ohne die Etiketten, ohne diese Konditionierung?
Du wachst auf, alles ist in Ordnung. Ein Gedanke regt sich, die Angst folgt ihm, dann fallen die Stimmen ein und du bist mittendrin.
Vor alledem geschah gar nichts. Wie bist du dorthingekommen? Was ist passiert?

SCHÜLER: Es gab Zeiten, da lag ich die ganze Nacht über wach.

LEHRERIN: Und glaubtest alles und jedes, was dir die Stimmen in deinem Kopf erzählen, richtig? Also beginnst du zu erkennen, wie ein Vorgang dieser Art in deinem Leben einen Zweck verfolgt hat. Nun kann es sein, dass so ein Prozess nicht komplexer ist, als dass er Selbsthass aufrechterhält. Dich hält er unten. Er hält dich in Angst und Schrecken. Er macht dich unbeweglich. Er macht dich »sicher«. Du beginnst, ein Risiko einzugehen, du fühlst die eiskalte Hand um drei Uhr morgens, du machst Schluss mit dem Risikoeingehen. Nichts wie zurück zu diesem sicheren Ort. Fang wieder damit an, all jene Verhaltensweisen zu zeigen, die Egozentrizität das Gefühl geben, alles unter Kontrolle zu haben und in Sicherheit zu sein. Begrenze deine Welt. Tu, was du tun solltest. Mach dich erbarmungslos fertig und vielleicht wird es dir dann gut gehen.

Durch das Üben hier am Zen-Center und durch Aufmerksamkeit während deiner Meditation beginnst du zu vermuten, dass das, was IN WIRKLICHKEIT vor sich geht, nichts mit dem zu tun hat, von dem du DENKST, dass es vorgehen würde. Du beginnst zu sehen, dass diese Muster zu gewissen Zeiten auftauchen. Du beginnst zu sehen, dass sie im Grunde genommen nichts weiter als Muster sind. Du glaubst ihnen nicht länger.

Du verfolgst das Ganze weiter und weiter bis zu der Empfindung zurück, die den Vorgang tatsächlich auslöst. Und du erkennst, dass es so etwas wie Angst nicht gibt.

Anfangen, aufzuwachen.

Anfangen, es nicht persönlich zu nehmen.

Anfangen zu erkennen, dass

am Leben niemand »schuld« ist.

Es ist einfach nur

und du bist einfach nur

und es ist alles einfach nur in Ordnung.

NACH AUßEN GEHEN,
UNGLÜCKLICH WERDEN,
ZURÜCKKOMMEN

LEHRERIN: Für mich ist die psychologische Arbeit, die wir machen, unwahrscheinlich hilfreich, aber sie ist nutzlos ohne die Praxis des Sitzens. Sitzen jedoch ist nicht nutzlos ohne den psychologischen Aspekt. Du könntest dich einfach nur hinsetzen und eine Wand anschauen und irgendwann würdest du all dies verstehen. Es ist alles verfügbar, ohne auch nur das geringste intellektuelle Verständnis davon zu haben. Jedoch bilden beide zusammen ein wirklich solides Programm, um das Leiden zu beenden. Aber die meisten Menschen möchten nur ein intellektuelles Verständnis haben und es dann für sich arbeiten lassen. Doch das ist, wie ein intellektuelles Verständnis davon zu bekommen, wie man Fahrrad fährt. Es ist prima, wenn du im Wohnzimmer sitzt und darüber ein Buch liest, aber wenn du einen Hügel hinuntersaust, dann

hilft es dir nicht. Das Einzige, was hilft, ist, es zu tun, es zu üben.

In unserer Sitzpraxis wenden wir uns jenem Ort des uns innewohnenden Gutseins zu, wir finden dieses tief verankerte Gefühl des Einklangs innerhalb unserer selbst und wir freunden uns damit an.

Wir wenden uns dem zu und wir erkennen, dass es wunderbar ist, sich dort aufzuhalten. Für die Zeitspanne, die wir dort verbringen, fallen alle Probleme von uns ab, alles fällt an seinen Platz. Und dann verlassen wir dies und gehen fort und verfangen uns in irgendetwas. Und wir kehren zurück. Deswegen sage ich, dass wir nicht so sehr die spirituelle Übung in unser tägliches Leben tragen, sondern unser tägliches Leben zur spirituellen Übung.

Wir schaffen einen Kreis des Mitgefühls und wir bringen andauernd die Geschehnisse unseres Lebens in ihn hinein. Wenn ich mir Sorgen mache und wegen etwas aufgeregt bin, dann bringe ich es zu jenem stillen Ort, und dort ist Frieden. Es löst sich einfach selbst. Es löst sich in Nichts auf.

Dann verfange ich mich wieder in etwas, mein Geist hebt ab, ich wende mich meiner Konditionierung zu und ich bin wieder unglücklich. Dann kehre ich zurück. Ich übe, hierher zurückzukehren (zeigt auf die eigene Mitte), abzuwandern, unglücklich zu werden, hierher zurückzukehren. Schließlich komme ich so weit, dass es einfach keine Frage mehr ist, wenn ich den Ort hier drinnen, den Ort des Mitgefühls sehe oder mir überlege, dort draußen zu sein, verfangen in Selbsthass. Ich will dort draußen einfach nicht sein, verfangen in Selbsthass.

Es ist nicht so, dass ich das wegschiebe; es ist nicht so, dass ich sage, ich wäre ein schlechter Mensch, weil ich das tue. Es ist einfach so, dass ich es anschaue, ich erkenne, was los ist, und ich möchte hierhin, zu meiner eigenen Mitte, zurückkehren.

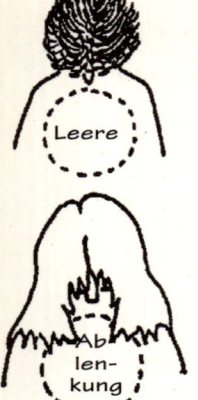

WER HAT ANGST VOR MIR? ICH HABE ANGST VOR MIR!

Daran zu arbeiten, Selbsthass zu erkennen und loszulassen, hat den Nutzen, dass du aufhörst, vor dir selbst Angst zu haben, und dass du eine größere Bereitwilligkeit aufbringst, dich hinzusetzen und still zu werden mit was auch immer sich in dir befindet.

Wenn du damit aufhörst, den Stimmen des Selbsthasses zu glauben, dann wirst du etwas Merkwürdiges feststellen – Leere, eine Art Loch in dir selbst. Anstatt dich abzulenken und zu versuchen, es aufzufüllen, ist es wunderbar, wenn du neugierig wirst, wie du dich hinsetzen und wie du MIT der Leere sein kannst.

Wenn wir versuchen, dieses Loch mit Ablenkungen aufzufüllen, dann fühlen wir uns wirklich leer. Diese Leere ist voller Leiden; es ist eine enge, eine geschlossene Erfahrung. Die andere Leere ist ein offenes, ein weitläufiges Gefühl und ja, Ego fühlt sich unbehaglich damit, denn Ego gibt es dort nicht. Wenn wir zulassen können, dass wir uns an diese Weite gewöhnen, so ist es eine wundervolle Erfahrung.

Im gegenwärtigen Moment
können wir die Vergangenheit umarmen
und d e Zukunft befreien.

Wenn die Zukunft
nicht befreit wird,
um der gegenwärtige Moment zu sein,
der sie ist,
wird unser gegenwärtiger Moment
immer in der Vergangenheit gelebt werden.

LEHRERIN: Ich habe die Leute gefragt, ob sie einen angenehmen Abend hatten, und einige deuteten an, dass dem nicht so war. Könnten wir ein bisschen was von einigen Opfern des Selbsthasses hören, der nach dem Selbsthass-Workshop auftrat?

SCHÜLER: Als ich den Workshop verließ, empfand ich ein Gefühl der Dankbarkeit. »Das ist die Straße zur Freiheit und ich hatte es vergessen. Es ist sehr hilfreich, daran erinnert zu werden.« Dann beobachtete ich, wie ich diese Information gegen mich selbst verwendete.

Die Situation war so: Ein Teil von mir ist sehr unentschlossen und als dieser Teil versuchte, sich zu entscheiden, ob ich den Abend damit verbringen sollte, A oder B zu tun, wurde er ganz nervös und wollte, dass jemand ihm erzählt, was er tun soll. Dann sagte eine Selbsthass-Stimme: »Das ist Dualität. Die Antwort lautet, nicht in Dualität zu leben.« Und dann sprach eine andere beurteilende Stimme: »Was du brauchst, ist Mitgefühl, und du gibst dir keines.« Selbsthass nahm alles auf, was ich gestern gelernt habe, und schloss es an das selbsthassende System an.

Ich blieb zurück mit dieser unentschlossenen Person,

die schrecklich litt, und dann hörte ich eine andere Stimme sagen: »Du hältst einfach nur Selbsthass am Leben.«

Später konnte ich sehen, dass es diese Stimme war, die Selbsthass aufrechterhielt; die Person, die unglücklich war – sie war nichts weiter als unglücklich. Und ich habe nichts getan, um ihr zu helfen, weil ich sie stattdessen beschuldigte, es nicht richtig zu machen. Schließlich habe ich geweint und das schien alles ein bisschen zu erleichtern. Aber ich kann sehen, warum die Leute aufhören wollen aufzupassen. Du beginnst, dieses ganze Zeug zu sehen und es wäre einfach zu beschließen, dass es schlichtweg zu viel ist.

LEHRERIN: Und wer würde beschließen, dass es »schlichtweg zu viel« ist, wenn nicht Selbsthass? Selbsthass beschließt nicht, dass es »zu viel« ist, wenn er dich fertig macht, sondern nur dann, wenn es dir bewusst geworden ist und wenn du siehst, was er tut. Dann sagt er »zu viel«. Macht dich dieses Timing nicht etwas stutzig?
Wenn es wirklich zu viel ist, dann höre damit auf, dich dafür fertig zu machen, wer du bist. Beginnt nicht das Elend genau dann? Du hast Schwierigkeiten damit, eine

Entscheidung zu fällen, na wennschon! Du möchtest, dass dir jemand sagt, was du zu tun hast, na wennschon! Und wenn es Dualität ist, na wennschon! Und wenn du Egozentrizität aufrechterhältst? Na wennschon!

Wäre irgendetwas davon ein Problem, wenn dir nicht beigebracht worden wäre zu glauben, dass du so, WIE DU BIST, falsch bist? Wird jemand sterben oder wird jemandem etwas Schreckliches zustoßen als Ergebnis dessen, wie du bist? Nein. Wie rechtfertigen wir dann all diese Gewalt? Jemand tut sich schwer, sich zwischen A und B zu entscheiden. Sollten wir diese Person umbringen? Ist sie lebensuntauglich? Oder ist es ausreichend, dass sie fertig gemacht wird, bis sie sich nicht länger darum schert, ob sie lebt oder nicht? Könnt ihr sehen, wie wahnsinnig dieses System ist? Wie können Hass und Gewalt etwas verbessern? Ich möchte euch dazu ermutigen, die Schrecken der Unentschlossenheit und des Mitgefühls zu riskieren.

In alldem kann ich keine Erwachsenen erkennen. Ich sehe einfach nur kleine Kinder, denn so fühlen sich die meisten von uns innerlich. Ich stelle mir dieses Kind vor, das nicht weiß, ob es den roten oder den blauen Eimer möchte. Die Wahrheit ist, dass es beide will. Sie sind beide wirklich hübsch und es kann sie gleich gut leiden und es kann sich einfach nicht entscheiden.

Was es nicht weiß, ist, dass du auf dieser Welt nur einen davon bekommst, denn beide zu bekommen macht dich selbstsüchtig.

Was kann ihm helfen? Wie wäre es damit, wenn wir anfangen, es anzuschreien, dass es sich jetzt gefälligst entscheiden soll? Wie wäre es damit, dass es keinen von beiden bekommt, wenn es sich nicht bald entscheidet? Wäre es hilfreich, wenn unsere Stimmen sich wütend anhören und unsere Gesichter rot anlaufen und wir es beim Arm packen und schütteln? Nein. Und dennoch, wie vielen Kindern wird auf diese Art und Weise etwas beigebracht?

Nicht zu wissen, ob du A oder B möchtest, rot oder blau, macht keinen schlechten Menschen aus dir. Diese Dinge haben nichts miteinander zu tun. Aber ist es nicht schwer, das zu erkennen? Uns wurde beigebracht, dass alles im Leben dich entweder zu einer guten oder zu einer schlechten Person macht. Aber das stimmt nicht und es hat noch nie gestimmt.

Alle Konflikte im Leben bestehen
zwischen

Loslassen

oder

Festhalten

sich dem gegenwärtigen
Moment öffnen

oder

an der Vergangenheit festhalten

Ausdehnung

oder

Zusammenziehen

DER WEG DER GEDULDIGEN
BEMÜHUNG

Es war einmal eine Schülerin, die treu zu Zen-Kursen
erschien, dabei aber stets in den Fängen des Glaubens
verhaftet blieb, eine »Schlechte Meditierende« zu sein.
Bei jedem Kurs quälte sie sich damit und jedes Mal
sagte sie dasselbe: »Ich kann nicht meditieren. Ich sitze auf dem Kissen und denke an alles Mögliche, ich habe
Tagträume, ich schreibe innerlich ganze Bücher, ich
zappele herum. Ich kann das einfach nicht.«
Und der Lehrer sagte dann immer: »Das ist in Ordnung.
Komm einfach weiterhin. Sitz dort. Pass auf, wenn du
kannst.« In jedem Retreat passierte das Gleiche.
Nach fünf Jahren kreuzte auf einmal »die Gute Meditierende« bei einem Kurs auf. Es gab nichts, weswegen
man hätte kämpfen müssen, und der Teil der Schülerin,
der mehr als alles in der Welt meditieren wollte, war
endlich dazu in der Lage, zu einem Kurs zu erscheinen.
Nun, »die Gute Meditierende« war diejenige, die die
Schülerin die ganze Zeit über zu jedem Kurs geschleppt
hatte und die sich nahm, was auch immer sie an Medi-

tationszeit bekommen konnte. Selbsthass hatte ihr fortwährend erzählt, was für eine »Schlechte Meditierende« sie sei.

Aber »die Gute Meditierende« blieb geduldig dabei und schließlich war die Schülerin dazu in der Lage, diesen Teil von sich selbst zu sehen. Und die Moral der Geschichte:

Ganz egal,
was irgendjemand dir erzählt,
gib dich selbst nicht auf.

Akzeptanz ist der Weg zur Kreativität,

mehr noch,

Akzeptanz IST Kreativität.

Solange du nicht akzeptierst, kann nichts Neues entstehen,

du wirst nur die Vergangenheit haben.

Wenn du eine neue Welt möchtest,

akzeptiere die Welt so, wie sie ist.

Wenn du eine vollkommen
neue Welt möchtest,
akzeptiere sie vollkommen.

Sag

zum Leben

Als der Buddha herausfinden wollte, wie Leiden geschieht und wie man es beenden kann, und als er herausfand, dass ihm dies niemand sagen konnte, war seine Antwort, es für sich selbst herauszufinden.

Es ist für jeden von uns möglich, dies zu tun, obwohl fast niemand von uns es tun möchte.

FAST NIEMAND MÖCHTE ERWACHSEN WERDEN

Wir denken, es sei zu schwer. Wir möchten uns lieber darauf konzentrieren, was mit uns falsch ist und wieso wir nichts daran ändern können.

Wir möchten uns nicht UM UNS SELBST KÜMMERN, weil das bedeutet, den Wunsch aufzugeben, dass sich JEMAND ANDERES UM UNS KÜMMERT.

»Ich möchte, dass meine Mutter das macht. Sie hätte es tun sollen, aber sie hat es nicht. Ich werde hier so lange festsitzen, bis .. «

Bis was? Bis sie es tut? Aber sie kann es nicht tun. Und sie konnte es noch nie.
Und noch mal, wir müssen Folgendes bedenken: Wenn wir es nicht tun können, wie hätte es dann irgendjemand anderes tun können?
»Na ja, ich könnte es jetzt tun, wenn sie es nur damals getan hätte.«

Nein.
Das ist pure Augenwischerei, mit der es Egozentrizität darauf anlegt, dass du nicht von der Stelle kommst.

Wir halten nach Dingen Ausschau, die uns angetan wurden, weil uns das zu Opfern macht. Wenn wir das Opfer sind, ist es nicht unsere Schuld und wir müssen keine Verantwortung übernehmen. Wir können all diese Gründe dafür anführen, dass wir so sind, wie wir sind.

Wir können auch sagen: Ja, das ist mir passiert und meine Eltern haben es mir angetan, weil deren Eltern es ihnen angetan haben und so fort. Und wenn ich nicht damit aufhören kann, es mir anzutun, wie kann ich dann von ihnen erwarten, dass sie damit aufhörten? Ihnen war nicht bewusst, dass es so etwas überhaupt gibt. Sie waren einfach nur gute Eltern auf dieselbe Art und Weise, wie sie ihrerseits von ihren Eltern erzogen wurden.

FAST

NIEMAND

MÖCHTE

ERWACHSEN

WERDEN.

Verantwortung übernehmen
heißt nicht
Schuld übernehmen.

Es ist nicht deine Schuld.
Es ist nicht die Schuld von jemand anderem.
Es ist niemandes Schuld.

Um Schuld geht es hier nicht.

Es ist so, wie es ist.
Dies ist deine beste Gelegenheit, etwas zu verändern.*

---

* Es wird immer zukünftige Gelegenheiten geben, aber wieso nicht
diese benützen?

EINE ALTE ZEN-GESCHICHTE

Eines heißen Nachmittags im Sommer legte der Klosterkoch, ein älterer Mönch, Pilze auf einer Matte in der Sonne zum Trocknen aus. Ein junger Mönch sah ihn und sprach: »Wieso macht ein alter Mann wie du solch schwere Arbeit in der Mittagshitze?« Der alte Mönch antwortete: »Wenn nicht ich, wer dann? Wenn nicht jetzt, wann dann?«

NOCH EINE ALTE ZEN-GESCHICHTE

Eine Frau ging in ein Zenkloster. Sie war so aufgeregt, dort zu sein – ein dermaßen heiliger Ort, ein Ort der Erleuchtung.

Zur ersten Sitzperiode schritt sie achtsam die Stufen zur Meditationshalle hinauf. Als sie sich gerade anschickte, sich vor dem Eintreten tief zu verbeugen, bemerkte sie etwas Schockierendes. Dort, auf dem obersten Treppenabsatz, stand ein Putzeimer mit dreckigem Wasser, aus dessen trüber Tiefe ein Putzlappen hervorlugte.

»Das ist furchtbar!«, rief sie zutiefst entsetzt aus und ging hinein, um zu meditieren.

Am nächsten Morgen war der Eimer immer noch da.

»Das ist ja ekelhaft«, murmelte sie, »ist das Zen?«, und ging hinein, um zu meditieren.

Der nächste Morgen, derselbe Eimer. Sie rief aus: »Ich fasse es nicht! Das ist lächerlich! Jemand sollte etwas daran ändern«, und ging hinein, um zu meditieren.

Am vierten Morgen stand da immer noch derselbe Eimer, nicht eben appetitlicher geworden durch die tagelange Vernachlässigung. Die Frau betrachtete den Eimer und dachte: »Ich bin jemand«, nahm ihn und machte ihn sauber.

40, 50, 60 Jahre alte Menschen
warten darauf, dass ihre Eltern sie
elterlich behandeln.

»Ich will mich nicht selbst lieben müssen. Ich möchte,
dass meine Mutter mich liebt. Ich möchte, dass mein
Vater mir gibt, was ich brauche.«

Die Chancen stehen sehr gut,
dass das niemals geschehen wird.

Wenn deine Eltern dich so lieben könnten,
wie du geliebt werden möchtest,

so wäre dies schon längst geschehen.

Nur du allein
weißt, wie du geliebt werden musst und möchtest.

Nur du allein
kannst dich so lieben,
wie du es möchtest und brauchst.

Wenn du dir nicht selbst geben kannst oder willst, was
du brauchst, wie soll dann JEMAND ANDERES,
jemand, der nicht annähernd so motiviert ist wie du,
jemand, der eigentlich danach strebt, es für sich selbst
zu bekommen (möglicherweise von dir!),
es dir beschaffen?

FAST
NIEMAND
MÖCHTE
ERWACHSEN
WERDEN.

DU KANNST ES ALLES HABEN

Aus Mitgefühl für uns selbst heraus

zu leben

gibt jedem Einzelnen von uns

die liebevollen Eltern,

die wir uns immer gewünscht haben.

LEHRERIN: Früher habe ich immer gedacht, dass ich in mir eine Erwachsene finden würde, die meinem inneren Kind ein Elternteil wäre. Ich habe herausgefunden, dass es eher darauf ankommt, das Kind zu finden, das sich um den Erwachsenen kümmern kann! Das Geheimnis ist folgendes:

Der Erwachsene ist das missbrauchte Produkt gesellschaftlicher Konditionierung, während das Kind, das (dankenswerterweise) verlassen wurde, damit diese Person überleben kann, sich nach wie vor hier drinnen befindet; unversehrt, vollkommen und in seinem ursprünglichen Zustand.

Was wir in der Übung der Achtsamkeit tun, ist zu erfahren, dass WER WIR SIND nicht gleichbedeutend ist mit der selbsthassenden gesellschaftlichen Konditionierung.

WER WIR SIND ist die bewusste, mitfühlende Achtsamkeit, die unsere essenzielle Natur darstellt. Indem wir lernen, mehr aus unserem eigentlichen Wesen heraus zu leben, können wir erkennen, dass es für uns zugleich Chance, Freude und Vergnügen bedeutet, alles, was leidet, in diese bedingungslose Liebe und Akzeptanz mit einzuschließen.

Du musst
Verantwortung
dafür übernehmen,

heute

das Leben zu leben,
das du leben möchtest.

Was ich in meinem Leben möchte	Bitte (X) ankreuzen		
	Ja	Nein	Vielleicht
Akzeptanz			
Ablehnung			
Mitgefühl			
Verurteilung			
Klarheit			
Verpflichtungen			
Freiheit			
Widerstand			
Meisterhaftes Können			
Sonstiges:			

Der einzige Unterschied zwischen dem Leben, das du jetzt lebst, und dem, das du leben möchtest, ist das Gefühl, wertgeschätzt, geliebt und angenommen zu sein.
Bedingungslos.

Daher ...
gib es dir GENAU JETZT!
IN DIESER MINUTE!
WARTE NICHT!

Nicht erst, wenn du dich geändert hast. Nicht erst, wenn du in besserer Stimmung bist. Nicht erst, wenn du es dir verdient hast.
GENAU JETZT! Du könntest damit anfangen, es dir selbst hoch anzuerkennen, dass du dieses Buch liest, dafür, dass du dir Gedanken machst,
dafür, dass du willens bist,
dafür, dass du dein Herz öffnest.

Dir kann nichts im Leben passieren,
das schlimmer wäre,
als in Angst und Selbsthass zu leben.

Und das wirklich Traurige ist,
dass ein Leben in Angst und Selbsthass
nicht verhindern wird,
dass dir das zustößt,
was du fürchtest und hasst.

»IRGENDETWAS MIT DIESEM UNIVERSUM STIMMT NICHT«

Wir klammern uns an unseren Glauben, dass etwas falsch sei,

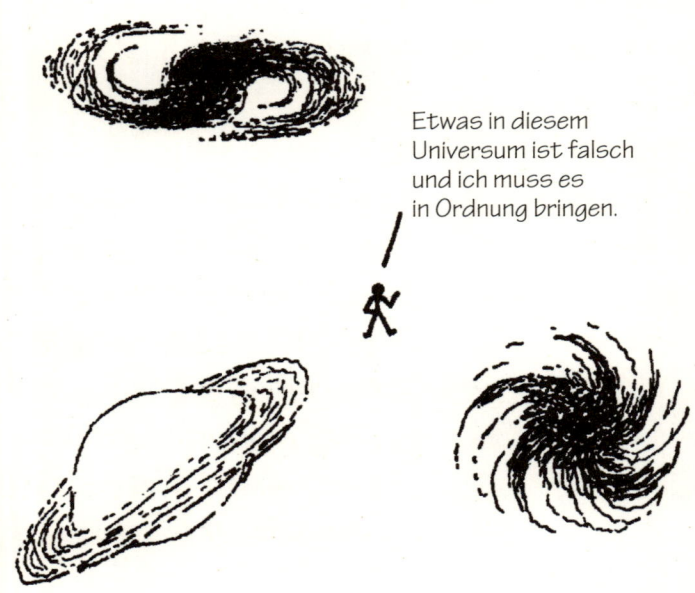

Etwas in diesem Universum ist falsch und ich muss es in Ordnung bringen.

weil wir nur so unsere Stellung im Zentrum des Universums aufrechterhalten können.

SELBSTHASS FUNKTIONIERT NICHT (ODER DOCH?)

LEHRERIN: Mich selbst wegen irgendetwas fertig zu machen ist ein wirklich billiger Trick, denn während ich mich hier wegen etwas fertig mache (Wieder einmal habe ich etwas gegessen, was ich nicht essen sollte), bin ich in Wirklichkeit dort drüben und arbeite daran, meinen Charakter zu verbessern (Wenn ich nur diese Fressattacken in den Griff bekäme, denn wäre ich die Person, die ich sein sollte), und bemerke natürlich überhaupt nicht, dass ich an einer anderen Stelle gerade darauf vorbereitet werde, mit Selbsthass zusammenzuprallen, indem ich mich bestrafe, wenn ich die Vorgaben nicht erfülle (Ich bin so gestresst, dass ich ein bisschen Belohnung brauche, vielleicht einen Banana-Split oder nur einen Eiskaffee mit extra Schlagsahne ...). Auf diese Weise funktioniert es in beide Richtungen.

Mich selbst zu bestrafen bewirkt, dass ich Folgendes fühle:

1. Ich tue das Beste, was ich kann, um mich zu der Person zu machen, die ich sein sollte.
2. Obwohl ich darin »versage«, die Person zu sein, die ich sein sollte, werde ich belohnt, da ich es so sehr versuche und so dermaßen hart bestraft werde.

SCHÜLER: Wenn ich es nicht mehrere Millionen Male aufgezeigt bekomme, ist es schwierig zu sehen, dass diese Art der Charakterverbesserung, die ich so sorgfältig mein gesamtes Leben lang hindurch geübt habe, nicht den gewünschten Erfolg hat.

LEHRERIN: In Wirklichkeit hat sie den gegenteiligen Effekt und genau deswegen tun wir es. Zum Beispiel ist es schwer für Menschen wie uns, sich als Opfer zu fühlen, aber wenn ich mich nicht als Opfer fühle, wie kann ich dann meine privilegierte Stellung im Leben rechtfertigen? Ich kann es nicht und daher besteht der einzige Weg, mich als Opfer zu fühlen, darin, mich selbst fertig zu machen. Ich arbeite so hart und ich versuche es so sehr und ich bestrafe mich ganz einfach fortwährend und, mein Gott, ich brauche einen Trip nach Nepal, um zu versuchen, etwas Erleichterung zu finden, um etwas

Sinn in diesem Leben zu finden, weißt du. Oder ich brauche ein neues Auto, weil ich durch dieses abscheuliche
alte Vehikel hier schikaniert werde.

SCHÜLER: Ich habe so dermaßen gründlich gelernt,
dass ich ohne Selbstbestrafung kein guter Mensch bin
und dass diese beiden Dinge gleichbedeutend sind. Je
mehr ich mich dafür hasse, Schlechtes zu tun, desto
eher bin ich eine bessere, eine tugendhaftere Person.

LEHRERIN: Sobald wir es genauer betrachten, erkennen wir natürlich, dass es noch nie funktioniert hat und
dies immer noch nicht tut und wir in Wahrheit keinerlei
Hinweise dafür haben, dass es jemals bei irgendjeman-
dem funktioniert hat. Es hat bei uns nicht funktioniert,
als wir klein waren, und es hat bei uns nicht funktioniert, seit wir Erwachsene sind. Es funktioniert bei keinen Kindern, die wir kennen. Es funktioniert nicht. Wieso also machen wir damit weiter?

SCHÜLER: Weil es auf eine oberflächliche Art und Weise funktioniert. Ich kann mich selbst dafür fertig machen, etwas Schlechtes getan zu haben, und mir genug
Angst einjagen, dass ich so etwas Schlimmes nicht

noch einmal tun werde. Auf dieser Ebene, könnte man sagen, funktioniert es.

LEHRERIN: Ich denke, es funktioniert, aber nicht so, wie wir es gerne vorgeben möchten. Es funktioniert, indem es mich dazu befähigt, all das zu tun, was ich tun will, weil ich mir gegenüber die ganzen Bestrafungen wieder gutmachen muss, die ich im Leben abbekommen habe. Das geht so: Ich bestrafe mich auf eine Art, die meine Identität verfestigt. Dann verwöhne ich mich auf eine Art, die meine Identität aufrechterhält.

Es ist ein ständiger Balanceakt,
in dem ich auf eine bestimmte Weise hart zu mir bin,
damit ich mich auf e ne bestimmte Weise verwöhnen
kann.
Die meisten von uns sind sehr gut darin,
beides auszubalancieren.

Das Ergebnis:
DIE AUFRECHTERHALTUNG VON SELBSTHASS.

NICHTS ZU TUN, NIEMAND, DER ES TUT

Wenn du im gegenwärtigen Moment bist, dann gibt es weder ein Du, welches getrennt und alleine ist, noch gibt es eine Identifikation mit Egozentrizität.

Selbsthass ist darauf ausgerichtet, sicherzustellen, dass dies nicht geschehen wird.

Selbsthass wird dich aus der Erfahrung des gegenwärtigen Momentes herausziehen, um zu erreichen, dass du dich auf die Frage konzentrierst »Was stimmt nicht? Was habe ich getan?«*

Es ist diese sich eines Selbst bewusste Fragestellung und Analyse, die dich aus dem gegenwärtigen Moment herausträgt, entweder in die Vergangenheit (»Wie hätte ich stattdessen sein sollen?«) oder in die Zukunft (»Was soll ich deswegen unternehmen?«).

---

* In dem Buch *This Side of Nirvana* wird das »Something Wrong Mind« genannt (etwa »Geisteshaltung, für die immer etwas nicht stimmt«).

Es ist egal, was

damals

geschehen ist.

Alles, worauf es ankommt,

ist, was

JETZT

geschieht.

Der beste Grund dafür,

sich mit Selbsthass zu beschäftigen,

ist der, dass er spiritueller Übung im Wege steht.

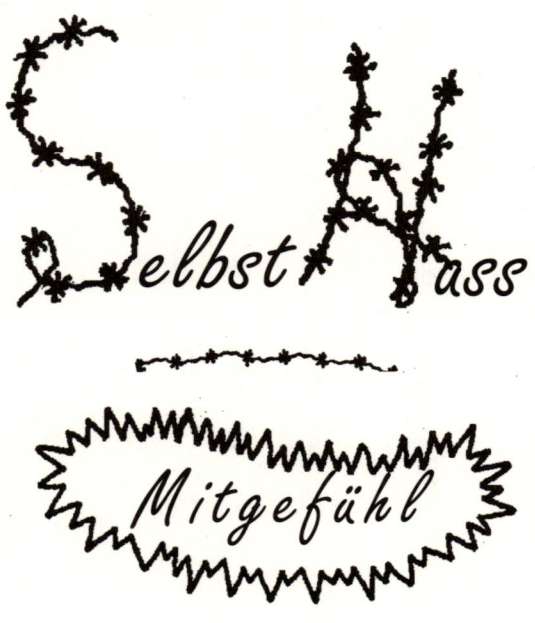

Er steht uns im Weg, wenn wir jenen Ort des tiefsten Mitgefühls in uns finden wollen, der den größten Teil spiritueller Praxis ausmacht.

STILL SITZEN, MIT ETWAS SITZEN

Als ich anfangs zu einer spirituellen Praxis kam, dachte ich, ich würde Sitzen lernen und all meine Konditionierung, all mein Leiden, meine gesamte Vergangenheit würden ganz einfach verschwinden und ich würde nur noch von meiner Mitte aus leben. Nun sehe ich, dass Sitzen bedeutet, MIT alldem zu sitzen, und zuzulassen, dass es genauso ist, wie es ist, ohne dass ich deswegen irgendetwas tun müsste.

Jedes Mal, wenn ich versuche,
mich selbst in Ordnung zu bringen,
vergrößere ich das Problem.

Wenn Konditionierung einfach hochkommen und weiterziehen kann, so verliert sie an Macht, die Impulse werden schwächer.

Auf diese Weise still damit zu sitzen,
löst es auf,
brennt es weg,
schält es ab.

WAS WIRKLICH PASSIERT

Darum sind Meditation, aufmerksam sein, Achtsamkeit und lange Retreats sinnvoll:

Du sitzt still.
Du schaust, schaust, schaust. Nach einigen Tagen verschwindet die Welt gewissermaßen. Das System kann die üblichen Verknüpfungen nicht aufrechterhalten, denn es konzentriert sich immer darauf, was jeweils um dich herum passiert, und es passiert nicht sehr viel. Also verlangsamt sich alles, alles wird vereinfacht. Es gibt wirklich nichts zu tun, außer deine Aufmerksamkeit nach innen zu richten ... Dann beginnst du zu sehen, wie die Programmierung wirklich aussieht.

Du fängst an, die Dinge klarer zu hören, die du dir
selbst erzählst, Dinge, d e du nicht hören konntest,
bis alles

ganz still

wird.

Das Beobachten erschafft Weite.

Deine Aufmerksamkeit fokussiert sich.

Es ist, als ob man ein Mikroskop hätte.
Nun kannst du
beginnen
zu sehen,
was wirklich los ist.

WIR HABEN EINE WAHL

Wir können unser Leben damit verbringen, uns einem
nebulösen Standard anzupassen,
oder
wir können unser Leben damit verbringen zu sehen, wie
alles funktioniert.

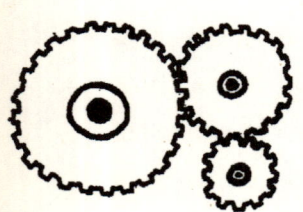

Wenn wir einen Schritt zurücktreten
und es auf diese Weise betrachten,
dann ist es offensichtlich:

Die einzig intelligente Haltung, die
man allem gegenüber aufbringen
kann,
ist die der Faszination.

EIN NÜTZLICHES VORHABEN

SCHÜLER: Als ich mit dem Sitzen anfing, habe ich mir ausgerechnet, wie viele Atemzüge es brauchen würde, bis ich wieder aufstehen musste.

LEHRERIN: Ein nützliches Vorhaben.

SCHÜLER: Ich machte einhundert und soundso viele Atemzüge. Dann konnte ich das loslassen und begann, bis 10 zu zählen. Dann erkannte ich, dass dies auch zur Krücke geworden war. Ich überlegte, wie viele Einheiten von zehn Atemzügen ich brauchen würde, und wenn ich es nicht mehr aushalten konnte, dachte ich: »Ich werde einfach fünf weitere Einheiten von zehn Atemzügen atmen und das wird mich durch das hier hindurchretten.«
Aber ich erkannte, dass das wenig hilfreich war und dass ich mich andauernd beurteilte, indem ich sagte: »Du machst das falsch«, und ich stellte eine Regel auf, dass ich nicht bis 10 zählen durfte. Ich beschloss, dass ich einfach nur von 1 bis 2 zählen durfte. Und dann dachte ich: »Wenn die Wahl darin besteht, entweder

nicht zu sitzen oder von 1 bis 10 zu zählen, dann werde ich von 1 bis 10 zählen.«

LEHRERIN: Von 1 bis 10 zu zählen wird mich nicht erleuchtet machen, aber nicht von 1 bis 10 zu zählen wird mich auch nicht erleuchtet machen.

SCHÜLER: Ego sagt: »Das ist so doof. Das ist Zeitverschwendung.« Und dennoch ist meine Erfahrung eine ganz andere.

LEHRERIN: Genau. Wenn Ego sagen würde: »Ich möchte nicht mehr meditieren, ich habe fürchterliche Angst, ich habe Todesangst«, dann wäre es klar für uns.
Aber anstatt dessen sagt es uns: »Das ist doof. Wie lange mache ich das jetzt schon? Hier sitzen und 1, 2, 3, 4 ... zählen.«
Und es ist äußerst überzeugend. Dann kommt es darauf an, fähig zu sein, lange genug zu unserer Mitte zurückzukehren, um zu sagen: »Wenn jemand in mir denkt, es sei langweilig und doof, aber jemand anderes in mir es tun möchte, wieso können wir sie es nicht tun lassen?« Zu lernen, still zu sitzen, wenn wir überhaupt nicht mögen, was geschieht; zu lernen, still zu sitzen,

wenn es wirklich, wirklich schwer fällt, das ist sehr gut. Es gibt nichts zu tun, außer die Vorstellung loszulassen, dass du irgendeine Form von Kontrolle besitzen würdest.

Atme ein, atme aus, atme ein, atme aus.

Wirst du dich besser fühlen? Nein. Wirst du alles bekommen, was du möchtest? Nein. Aber es gibt keine Alternative – was ist, ist. Deswegen kannst du sagen: »Okay, mir soll es recht sein«, und alle Hoffnungen, alle Erwartungen, alle Illusionen aufgeben, dass du irgendetwas beeinflussen kannst. Atme ein, atme aus. Es ist keine große Sache. Still sitzen zu lernen, wenn es nichts gibt, was du an dem, das du erfährst, verändern kannst, ist unglaublich wertvoll.

Ego wird sagen: »Sitzen hat mir bislang immer Spaß gemacht. Ich mochte immer sehr gerne sitzen. Es war einfach zu sitzen. Ich wollte sitzen. Ich habe Retreats besucht, damit ich viel sitzen konnte. Nun kann ich es absolut nicht mehr ausstehen. Ich will diese Erfahrung des Sitzens nicht haben. Ich möchte mich so wie vorher fühlen.«

Aber du tust es nicht. Kannst du die Erfahrung lieben lernen, die du gerade machst? Dich selbst völlig der Erfahrung zu öffnen, dass du überhaupt nicht ausstehen kannst, was gerade passiert? Nicht unterdrücken, nicht verleugnen, dich nur vollkommen auf diese Erfahrung einlassen und herausfinden, wie das ist?

Kannst du ein Gefühl dafür bekommen, was ich sage? Erlaube dir, es zu hassen. Erlaube dir, wütend zu sein. Erlaube dir, einen Wutanfall zu bekommen. Es würde dir gut tun. Es wäre sehr heilsam für dich.

SCHÜLER: Als du sprachst, habe ich gemerkt, dass ich eine genaue Vorstellung davon habe, wie Sitzen sein sollte.

LEHRERIN: Genau, aber wie Sitzen ist, ist so, wie Sitzen eben ist. Und wie es für dich gerade ist, ist jämmerlich. So kannst du erfahren, dich jämmerlich zu fühlen. Und wenn dein ganzes Sein von »jämmerlich« erfüllt ist, ist »jämmerlich« nicht schlecht. Nur dann, wenn du dich jämmerlich fühlst und das nicht ausstehen kannst, ist es wirklich die Hölle.

Nichts ist bedeutender als Mitgefühl.

Alles andere als Mitgefühl ist darauf angelegt, uns von unserer inneren Mitte abzubringen. Alles andere als Mitgefühl ist Ego. Fall nicht darauf herein. Du kannst es alles in Mitgefühl umarmen, genauso wie du ein boshaftes Kind umarmen würdest. Aber wenn ein Urteil dabei ist, so kommt es vom Ego. Von der Mitte aus, vom Mitgefühl aus, gibt es kein Urteil. Es gibt kein Element von falsch oder schlecht.

Also musst du dich nicht länger an der Nase herumführen lassen. Ego wird das jenige sein, das sagt: »Ja, schon, aber das hier ist kein *Urteil*. Das ist einfach nur Klarheit der Wahrnehmung. In Wirklichkeit bin ich zentriert und ich kann das von meiner inneren Mitte aus betrachten, und es ist wirklich nicht gut, so zu sein.« FALSCH.

SCHÜLER: Mir erscheint es äußerst hilfreich, wenn eine außenstehende Person sagt: »Kannst du sehen, wie du hier die Dinge vom Ego aus betrachtest?« Läuft es darauf hinaus, dass man schließlich eine Perspektive dieser Art innerlich selbst entwickelt?

LEHRERIN: Absolut. Was du durch diese Übung lernen wirst, ist, den Ort zu sehen, von dem aus die Lehrerin, der Lehrer betrachtet. Wenn du ihnen geistig folgst, dann kannst du das ganz klar sehen. Du bewegst dich auf diesen Ort zu und von ihm weg. Richtig? Und du findest diesen Ort in dir selbst. Und schließlich wird das –

und das muss in Anführungszeichen stehen – zu deiner »Identität« werden. Du wirst ganz einfach von diesem Ort aus leben. Du wirst gelegentlich vom Ego weggezerrt werden, aber du wirst von dort aus leben.

DIE SCHWINGUNGEN DES GEISTES

Wenn du ganz
einfach die nächste
Bewegung des Geistes
beobachtest,

und die nächste,

und die nächste,

beginnt die ganze Konditionierung,

   der zu glauben dir beigebracht wurde,

      von

         dir

            abzufallen ..

WUNDER

Es ist ein Wunder:

○ sitzen und meditieren zu wollen,

○ zu sitzen und deine Aufmerksamkeit wandern zu
  sehen und dann zum Atem zurückzukommen,

○ deinen Kopf für eine beliebig lange Zeit über dem
  Wasser zu halten (oder außerhalb des Dampfkoch-
  topfes),

○ sogar einen ganz kleinen Schimmer davon zu haben,
  wie alles funktioniert,

○ die Bereitwilligkeit aufzubringen, überhaupt zu üben.

Jesus sagte:

»Werdet wie die Kinder.«

Er sprach davon, unser unschuldiges Herz als unsere
wesentliche Identität zu begreifen, nicht unseren bedingten Geist.

Vom unschuldigen, mitfühlenden HERZEN aus betrachtet ist es klar, dass das Leben ganz einfach geschieht.
Wir müssen es nicht persönlich nehmen. Wir werden
weder bestraft, noch werden wir belohnt. Nur dann,
wenn wir mit unseren sozialisierten, bedingten Köpfen
identifiziert sind, geraten wir in Schwierigkeiten.

SCHÜLER: Ich habe an den Spruch aus der Offenbarung des Johannes gedacht: »Vollkommene Liebe vertreibt die Furcht.« Für mich bedeutet das, in jedem verfügbaren Moment zum Atem zurückzukehren, weil dort das vollkommene Mitgefühl ist, das die Angst vertreiben wird. Wie sonst können wir diese subtile Art der Angst herausfordern?

LEHRERIN: Zum Atem zurückzukehren bedeutet, von Überzeugungen loszulassen, und ohne Überzeugungen, ohne Meinungen kannst du keine Angst haben.

SCHÜLER: Es ist wirklich schwer, Liebe an Stelle der Angst zu setzen, aber einfach zum Atem zurückzukehren ist gar nicht schwer – es gibt nichts zu tun, außer zu atmen.

LEHRERIN: Genau. Zu versuchen, dass Liebe dorthinkommt, bedeutet, etwas ZU TUN. Alles fallen zu lassen und zum Atem zurückzukehren bedeutet, gar nichts zu tun. Aber da genau befindet sich die bedingungslose Liebe, nach der du suchst.

SCHÜLER: Wenn wir also eine Art von Leben führen möchten, das sich auf Freisein zubewegt, dann müssen wir immer wieder zum Atem zurückkehren.

LEHRERIN: Ja. Das ist die Richtung, in der du Mitgefühl findest. Es ist wichtig zu sehen, dass Mitgefühl nicht etwas ist, das wir tun. Ja, wenn du alles fallen lässt und zum Atem zurückkehrst, dann passiert doch rein gar nichts, oder?

Danach können wir sagen, dass es friedlich war oder freudig oder dass es sich wie bedingungslose Liebe angefühlt hat, aber wenn wir einfach nur mit dem Atem sind, dann ist nichts vorhanden. Wir möchten es zu etwas machen, damit wir ein Subjekt-Objekt-Verhältnis damit aufbauen können. Aber in der Erfahrung selbst passiert buchstäblich rein gar nichts. Es gibt keinen Selbsthass, kein zukünftiges Problem, kein vergangenes Problem. Wir können uns daran gewöhnen, uns an diesem Ort aufzuhalten. Er wird immer vertrauter, und da ist ein Gefühl der tieferen Identität – jener Identität, die allen Wesen gemeinsam ist.

Wir üben, wieder und wieder und wieder an diesen Ort zurückzukehren. Und jedes Mal fällt alles von uns ab. Dann schweifen wir ab in dies ganze Zeugs hinein, dann lassen wir es fallen und kehren zum Atem zurück. Wir üben das an kleinen Dingen, damit wir erfahren können, dass es gut so ist.

Also – ich denke an etwas und ich erkenne, dass ich gerade denke, ich lasse den Gedanken los und kehre zu meinem Atem zurück. Und nichts geht verloren. Ich unterdrücke nichts. Ich vermeide nichts. Ich lasse ganz einfach dieses System fallen, mit dem Egozentrizität seine Identität erhält, und kehre zum gegenwärtigen Moment zurück. Indem ich lerne, dass dieser Vorgang gefahrlos ist, keine Angst aufkommt, kein Verlust eintritt, kann ich das an größeren Dingen üben, bis ich eines Tages, inmitten von etwas Großem und Angsteinflößendem, auch das loslassen kann und zum Atem zurückkehre. Die Vorgehensweise ist hier genau die gleiche wie bei kleinen Dingen. Ich glaube nicht länger, dass es realer ist, nur weil es mir mehr Angst macht. Ich weiß, dass die Antwort lautet, es loszulassen und zum Atem zurückzukehren.

Die Aufgabe von Egozentrizität ist es, dem entgegenzutreten. Sie beharrt darauf, dass du sterben wirst, wenn du es loslässt und zum Atem zurückkehrst. Daher muss ich üben, jedes erdenkliche Ding, das millionenfach hochkommt, loszulassen.

Ich übe und übe und übe und wenn diese Stimme kommt, die mir sagt, dass ich sterben werde, wenn ich nicht dies und jenes tue, so lautet meine Antwort: »Bisher bin ich noch nicht gestorben. Wie oft hast du mir schon erzählt, dass ich sterben würde, und ich lebe immer noch? Du wirst langsam unglaubwürdig.«

SCHÜLER: Ich habe eine Zeit gebraucht, um zu verstehen, dass »Ich werde sterben« nicht notwendigerweise eine Mitteilung in Worten ist. Für mich ist es eher eine körperliche Empfindung und auch eine Gefühlswallung, die ich immer wieder durchmachen musste, bis ich erkannt habe, dass die dem Ganzen zugrunde liegende Botschaft lautet, dass ich sterben würde.

LEHRERIN: »Das halte ich nicht aus« ist eine andere Form, die es annehmen kann.

SCHÜLER: Dieser Schritt vom »Ich«, das die Gedanken und Ängste fallen lässt, zur Rückkehr zum Atem erfordert jedenfalls ein unwahrscheinliches Maß an Mut.

AUF DEM WEG

Diese Arbeit alleine zu leisten ist schwierig, aber sicherlich nicht unmöglich. Wenn du einen Freund oder eine Freundin hast oder einen Therapeuten oder einen Coach, jemand, der diese Arbeit versteht, so kann diese Person dir helfen, eine Perspektive der »Disidentifikation« aufrechtzuerhalten. Und Selbsthass wird eifrig versuchen, dich davon abzubringen. Denk daran, dass sein hauptsächlicher Fokus auf Selbsterhalt ausgerichtet ist. Selbsthass ist clever, schwer zu fassen und gerissen. Am Anfang wird er dich öfter, als dir lieb ist, an der Nase herumführen. Und das ist völlig in Ordnung. Es ist kein Wettbewerb. Was du bei dieser Arbeit lernst, ist, für dich selbst Mitgefühl zu entwickeln – egal, was geschieht.

Halte das ganz fest weit vorne in deinem Bewusstsein. Hier einige Vorschläge, die dir beim Start behilflich sein können:

○ Frage dich selbst: Was hättest du dir immer gewünscht, von jemand anderem zu hören, aber niemals hat es jemand zu dir gesagt?

○ Frage das Kind in dir, was es von dir hören möchte.

○ Mach dir selbst eine Kassette. Sage Dinge zu dir, die du immer von jemand anderem hören wolltest. Sage alles, was das Kind hören muss, um sich geliebt und angenommen zu fühlen.

○ Höre die Kassette täglich an. Wenn dir etwas einfällt, das du noch gerne hören möchtest, ergänze es.

○ Schreibe dir selbst Liebesbriefe.

○ Denke daran, täglich mir destens eine liebevolle Sache für dich selbst zu tun.

○ Lege dir eine Liste von den Dingen an, die du gerne haben möchtest, und fang damit an, sie dir selbst zu ermöglichen.

○ Jedes Mal, wenn du jemand anderem ein Geschenk machst, schenke dir selbst auch etwas (auch wenn es nur etwas Kleines ist).

○ Halte inne und würdige dich selbst für jeden freundlichen Gedanken und jede freundliche Handlung.

○ Sag Danke zu dir selbst, wenn du etwas Freundliches tust.

○ Jedes Mal, wenn du ein Geschenk bekommst, gib jemand anderem etwas (selbst wenn es nur etwas Kleines ist) und lass dich wirklich die ganze Freude empfinden, die dabei entsteht.

○ Gewöhn dich daran, »Ich liebe dich« zu dir selbst zu sagen, und sag es täglich mehrmals.

○ Suche Fotos von dir, als du klein warst, rahme sie ein, stelle sie an häufig besuchte Orte und fang damit an, dir zu erlauben, diese kleine Person wertzuschätzen.

○ Führe regelmäßig Tagebuch, achte insbesondere auf die selbsthassenden Verhaltensweisen, die du dir gegenüber an den Tag legst. Jedes Mal, wenn du dir eines selbsthassenden Gedankens oder einer entsprechenden Handlung bewusst wirst, erinnere dich daran, dass, wenngleich dir beigebracht wurde, dich so zu behandeln, du dich dazu verpflichtet hast, dich heute mit bedingungsloser Liebe und Akzeptanz zu behandeln.

○ Und natürlich möchten wir dich zu einer täglichen Zeit der Stille und des Alleinseins ermuntern (vorzugsweise einer Zeit der Meditation), um dir selbst gegenüber noch präsenter zu werden.

DAS TOR DES MITGEFÜHLS

Der einzige Pfad aus diesem Leben des Leidens hinaus führt durch das Tor des Mitgefühls.

»Aber wie finde ich dieses Tor?«

Du kannst es nicht FINDEN, weil du das Tor bist. In dem Moment, in dem von dir nichts übrig ist außer Mitgefühl, BIST du das Tor.

Die Tür ist weit offen und du bist frei.

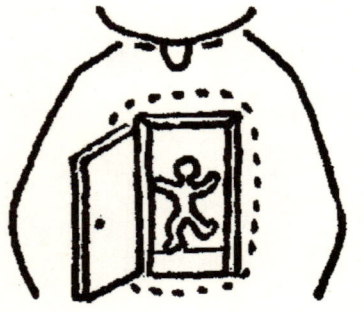

SCHLUSSBEMERKUNG DER ÜBERSETZERIN

Es war an einem jener klaren Sommermorgen der scharf gestochenen Schatten und der kristallklaren Luft, wie ich sie nur von Kalifornien kenne, ich saß im Auto neben Cheri Huber, die mich zum Flughafenzubringer transportierte, als ich erstmalig daran dachte, wie es wohl zu realisieren wäre, ihre Bücher auch einem deutschen Publikum näher zu bringen. Sie stand der Idee, ihr bekanntestes Buch zu übersetzen, prinzipiell sehr wohlwollend gegenüber. Es vergingen über vier Jahre bis zur Verwirklichung.

Ich hatte soeben meinen ersten Besuch in dem von ihr gegründeten Kloster beendet und an einem »There Is Nothing Wrong With You«-Kurs teilgenommen und bei aller Verwirrung ob der unzähligen neuen Eindrücke, die ich gewonnen hatte, ahnte ich bereits, dass mein Leben von nun an nicht mehr dasselbe sein würde. Der Eindruck stimmte, im überaus positiven Sinne. Vier Jahre, von denen ich fast zwei im Kloster verbrachte, vier Jahre, die mein Leben in einer Weise beschenkt haben, wie ich es niemals für möglich erachtet hätte.

Ich hoffe sehr, dass die deutsche Version unter anderem für den Leser auch das bewirken kann, was Cheri
Huber einmal auf die Frage »Was ist eigentlich
Buddhismus?« antwortete: »It is simply a gentle way
to live – es ist einfach eine sanftmütige Art zu leben.«

GLOSSAR

S. 107: FDR, Franklin Delano Roosevelt: 1882–1945,
32. Präsident der Vereinigten Staaten, federführend
bei der Umsetzung des New-Deal-Reformprogramms,
nachdrückliches Eintreten für soziale Gerechtigkeit.

S. 110: St. Johannes vom Kreuze: Spanien 1542–1591,
einer der bedeutendsten Mystiker des Christentums.
Er trat mit 19 Jahren nach dem Tod seines Vaters in
den Karmeliterorden ein und traf sich nach seiner Ordi-
nation wiederholt mit Teresa von Avila mit dem Ziel, ihrer beider Orden zu reformieren. Während seiner glau-
bensbedingten Zeit im Gefängnis entstanden seine bedeutendsten Werke, unter anderem »Die dunkle Nacht
der Seele«.

S. 151: Teresa von Avila: Spanien 1515–1582, Reforme-
rin des Karmeliterinnenordens, lehrte das kontemplati-
ve Gebet, Gründerin mehrerer Klöster, intensiver Dis-
kurs mit dem Reformer des Karmeliterordens, Johannes vom Kreuze.

S. 165: Meher Baba: 1894–1969, spiritueller Lehrer,
der die letzten 44 Jahre seines Lebens in Stille verbrachte.

S. 165: Ram Dass: geboren 1931 unter dem Namen Ri-
chard Alpert, promovierter amerikanischer Psycholo-
ge, ehemaliger Dozent an der Harvard Universität, spiritueller Lehrer, Buchautor, sozialer Aktivist.

S. 165: Osho: 1931–1990, wurde als Bagwan Sri
Rajneesh bekannt, nahm kurz vor seinem Tod den Namen Osho an, Gründer der Rajneesh Sekte/Neo-Sa-
nyas-Bewegung.

INHALT

E-MAIL-KURSE MIT CHERI HUBER

Cheri Huber leitet Kurse zu verschiedenen Aspekten spiritueller Praxis, die in englischer Sprache über E-Mail angeboten
werden. Auf ihrer Homepage können Sie sich über die Kurse in-
formieren und sich auf den Verteiler setzen lassen, über den
Sie unverbindlich über Themen und Termine der nächsten
stattfindenden Kurse benachrichtigt werden. Die Kurse dau-
ern jeweils etwa vier Wochen und werden auf Spendenbasis
durchgeführt. Sie sind sowohl für »Anfänger« geeignet als
auch für diejenigen, die sich schon länger auf einem spirituellen
Weg befinden.

www.cherihuber.com

RETREATS MIT CHERI HUBER

Das von Cheri Huber geleitete Zen Monastery Practice Center
in Murphys, Kalifornien/USA bietet das ganze Jahr über verschiedene Workshops und Retreats an, unter anderem das
Acht-Tage-Retreat »There Is Nothing Wrong With You«, auf
dem das vorliegende Buch basiert. Weitere Informationen,
auch über Retreats mit Cheri Huber in Deutschland, erhalten
Sie hier:

Zen Monastery Practice Center
P.O. Box 1979
Murphys, CA 95247, USA
Tel.: 001/209/728 08 60
Fax: 001/209/728 08 61
E-Mail: information@thezencenter.org
www.thezencenter.org